Los Angeles auf einen Blick

0 — 6 Km
© Reise Know-How 2019

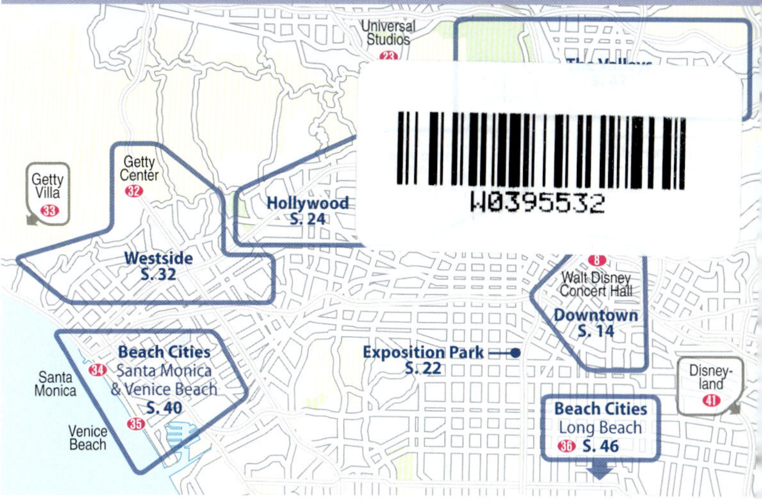

Inhalt

7 Los Angeles entdecken

8 Willkommen in Los Angeles
10 Kurztrip nach Los Angeles
11 Das gibt es nur in L.A.
13 Stadtspaziergang

14 Downtown

14 ❶ El Pueblo de Los Angeles ★ [D2]
15 ❷ Union Station ★ [D2]
16 ❸ Chinatown ★ [C1]
16 ❹ Little Tokyo ★ [D3]
16 ❺ Arts District ★★ [E4]
17 ❻ City Hall ★ [C3]
17 Öffentliche Kunst an Metro-Bahnhöfen
18 ❼ Cathedral of Our Lady of the Angels ★★ [B3]
18 ❽ Walt Disney Concert Hall ★★★ [B3]
19 ❾ The BROAD ★★★ [B4]
19 ❿ MOCA (Museum of Contemporary Art) ★★ [B4]
20 ⓫ Grand Central Market ★ [C4]
21 ⓬ The Bloc Downtown/Fashion District ★ [B6]
21 ⓭ L.A. LIVE mit GRAMMY Museum ★★ [A7]

‹ Moderne und historische Architektur in Downtown Los Angeles (057la Abb.: mb)

22 **Exposition Park**
22 ⑭ Natural History Museum of LA County (NHM) ★★★ [dh]
23 ⑮ California ScienCenter ★★★ [dh]

24 **Hollywood**
25 H-O-L-L-Y-W-O-O-D
26 ⑯ Walk of Fame ★★★ [h2]
27 ⑰ Hollywood & Highland ★ [h2]
27 ⑱ TLC (Grauman's) Chinese Theatre ★★ [h2]
28 ⑲ Hollywood Museum ★★ [h2]
28 ⑳ (Grauman's) Egyptian Theatre ★ [h2]
29 ㉑ Hollyhock House ★ [dg]
29 ㉒ Hollywood Forever Cemetery ★ [j4]
30 ㉓ Universal Studios Hollywood ★★★ [cf]
31 Weitere Studiotouren

32 **Westside**
32 ㉔ LACMA
(Los Angeles County Museum of Art) ★★★ [f7]
34 ㉕ La Brea Tar Pits – George C. Page Museum ★ [f7]
34 ㉖ The Craft and Folk Art Museum (CAFAM) ★ [f7]
35 ㉗ Petersen Automotive Museum ★★ [f7]
35 ㉘ Sunset Strip ★ [c3]
36 ㉙ Beverly Hills mit Golden Triangle
und Rodeo Drive ★★ [a7]
37 ㉚ Museum of Tolerance ★ [bg]
37 ㉛ Westwood und UCLA ★ [bg]
37 Straße mit Ausblick
38 ㉜ The Getty Center ★★★ [ag]

40 **Beach Cities**
40 ㉝ The Getty Villa ★★★ [ag]
42 ㉞ Santa Monica ★★★ [ah]
44 ㉟ Venice Beach ★★ [ah]
45 West Coast Sound
46 ㊱ Long Beach ★★ [el]

47 **The Valleys**
47 ㊲ Griffith Park und Observatory ★★ [df]
48 ㊳ The Autry ★★★ [df]
50 ㊴ Old Pasadena ★★ [ef]
51 ㊵ Huntington Library, Art Collections,
and Botanical Gardens ★★★

52 **Anaheim/Orange County**
52 ㊶ Disneyland ★★★
55 Walt Disney
56 ㊷ Knott's Berry Farm ★★

57 Los Angeles erleben

58 Los Angeles für Kunst- und Museumsfreunde
62 Los Angeles für Architekturinteressierte
65 Los Angeles für Genießer
71 Los Angeles am Abend
77 Los Angeles für Shoppingfans
81 Los Angeles zum Träumen und Entspannen
83 Zur richtigen Zeit am richtigen Ort

85 Los Angeles verstehen

86 Los Angeles – ein Porträt
88 Von den Anfängen bis zur Gegenwart
90 Leben in der Stadt
94 Hollywood: Jahrmarkt der Eitelkeiten
96 „Love affair" mit dem Auto

97 Praktische Reisetipps

98 An- und Rückreise
100 Autofahren
101 Kleines Straßen-Einmaleins
102 Barrierefreies Reisen
102 Diplomatische Vertretungen
102 Ein- und Ausreisebestimmungen
104 Elektrizität, Geldfragen
105 L.A. preiswert
106 Informationsquellen
108 Unsere Literaturtipps
109 Infos für LGBT+
110 Internet
110 Maße und Gewichte
111 Medizinische Versorgung
112 Mit Kindern unterwegs
112 Notfälle
113 Öffnungszeiten
113 Post
114 Sicherheit
114 Sport und Erholung
115 Football's back in town
116 Sprache
117 Stadttouren
118 Telefonieren
119 Uhrzeit und Datum
119 Unterkunft
124 Verhaltenstipps, Verkehrsmittel
126 Versicherungen
126 Wetter und Reisezeit

127 Anhang

128 Kleine Sprachhilfe Amerikanisch
132 Register
135 Die Autoren
135 Schreiben Sie uns
135 Impressum
136 Liste der Karteneinträge
140 Zeichenerklärung
141 Los Angeles mit PC, Smartphone & Co.
142 Karte Nahverkehrsmittel

Zeichenerklärung

★★★ nicht verpassen
★★ besonders sehenswert
★ wichtig für speziell interessierte Besucher

[A1] Planquadrat im Kartenmaterial. Orte ohne diese Angabe liegen außerhalb unserer Karten. Ihre Lage kann aber wie die von allen Ortsmarken mithilfe der begleitenden Web-App angezeigt werden (s. S. 141).

Updates zum Buch

www.reise-know-how.de/citytrip/losangeles19

Vorwahlen

Eine **1** (bzw. aus Deutschland, Österreich, der Schweiz **001**) gefolgt von einem **dreistelligen area code** geht der **siebenstelligen Rufnummer** voraus und muss auch bei Ortsgesprächen mitgewählt werden (s. S. 118).

Weitere Benutzungshinweise

s. S. 140

Los Angeles besteht aus mehr als Hollywood, der Oscar-Verleihung und Disneyland. L.A. ist eine Megalopolis, in der sich zuletzt vor allem Downtown enorm gemausert hat. Speziell der Arts District (s. S. 16), ein vormals vernachlässigtes Industriegebiet am Westufer des Los Angeles River, hat sich zum kreativen „urban neighborhood" gewandelt.

Kultur ganz groß

Einen guten Überblick über L.A. bekommt man vom neuen OUE Skyspace oder vom Wilshire Grand Tower (s. S. 20). Nach The Broad wurden das Neon Museum, die Marciano Art Foundation, das Italian American Museum, das Institute of Contemporary Art und das Wende Museum neu eröffnet. Das Academy Museum steht vor der Fertigstellung und das Petersen Automobile Museum wurde „aufgepeppt" (s. S. 58).

Einkaufen und Genießen

Außer ROW DTLA (s. S. 79) und AT Mateo (s. S. 79) entstand The Bloc Downtown (s. S. 21) neu und ebenso der City Market South (s. S. 81). Rooftop Bars wie auf dem Standard Downtown Hotel (s. S. 120) oder Spire 73 (s. S. 20) sind schicke Treffs. Asiatische Spitzen-Kochkunst zelebrieren E.A.K. Ramen (s. S. 67) oder Sushi Ginza Onodera (s. S. 66).

Nahverkehr

Der Versuch, sich vom Auto unabhängiger zu machen, zeigt Fortschritte: Es gibt ein neues Fahrrad-Verleihsystem (s. S. 115) und der Nahverkehr wird weiter ausgebaut: Metro Rail reicht jetzt schon bis Santa Monica (s. S. 124).

053la Abb.: LATCB

LOS ANGELES ENTDECKEN

Willkommen in Los Angeles

„Life in the Fast Lane!" – so lautet der Titel eines Hits der Eagles, der legendären Rockband aus L.A. Und in der Tat lebt man im Großraum Los Angeles ständig auf der Überholspur und will dem Rest der Welt dauernd eine Nasenlänge oder Idee voraus sein. In L.A. werden Trends geboren und Stars gemacht – und ebenso schnell wieder vergessen ...

Los Angeles ist alles andere als eine gewöhnliche Stadt: Offiziell sollen gut 19 Mio. Menschen in der **Metropolregion** leben, genaue Zahlen kennt niemand. Auch flächenmäßig sorgt L.A. für Superlative: Von Norden nach Süden erstreckt sich das Stadtgebilde über rund 200 km, von Ost nach West sind es noch gut 150 km.

Vorbei an endlosen gleichförmigen **Wohnsiedlungen** schlängeln sich einer Krake gleich vielspurige **Autobahnen**, die konstant überfüllt sind. Schnell ist man genervt und fragt sich, wo denn nun dieses L.A. eigentlich liegt oder wo sich Hollywood versteckt. Hält sich der Smog in Grenzen, kann man vor der schneebedeckten Bergkulisse der Sierra Nevada die Skyline von Downtown in der Ferne als Orientierungspunkt ausmachen. Aber erst wenn sich der „gordische Knoten" der Highways gelöst hat, offenbaren sich die Reize der Megalopolis – auch wenn diese wiederum **weit auseinander liegen.** L.A. erschließt sich nicht auf den ersten Blick, diese von schärfsten Kontrasten als auch endloser Vielfalt und Toleranz geprägte Stadt will entdeckt, erobert und vor allem **„erfahren"** werden.

Kurz gesagt, eine Stadt für klassische Flaneure ist L.A. nicht. Die weitläufige Struktur erfordert eine **besondere Art der Erkundung.** Zu Fuß stößt man rasch an seine Grenzen und selbst in Kombination mit dem öffentlichen Nahverkehr wird das Programm nur eingeschränkt realisierbar sein. Downtown und Hollywood lassen sich zu Fuß und mit Bahnen und Bussen erkunden, doch bei vielen anderen Vierteln und Sehenswürdigkeiten ist man auf ein Auto angewiesen. Man kann die meisten Ziele zwar „theoretisch" mit dem öffentlichen Nahverkehr erreichen, in diesem Kapitel werden die Anfahrtsmöglichkeiten zu den Sehenswürdigkeiten genannt, doch sind die Fahrten mit Bus und selbst Schnellbahn bei größeren Entfernungen zeitraubend und umständlich.

Idealerweise gliedert man sein **Besichtigungsprogramm** (und evtl. auch seine Unterkünfte) regional und kombiniert Sights und Attraktionen mit Shopping und Bummeln. Zwischen den einzelnen Vierteln und Spots liegen meist viele Meilen und es wäre nicht sinnvoll, z. B. erst das Kulturprogramm zu absolvieren und dann zum Shopping zurückzukehren.

010la Abb.: mb

Vorseite: Der CityWalk der Universal Studios Hollywood 23

L.A. ist ein **Konglomerat aus Städten, Vororten und Stadtvierteln.** Allein der Landkreis, das Los Angeles County, umfasst 88 Gemeinden und die Metro Area besteht aus gleich fünf Landkreisen (L.A., Orange, San Bernardino, Riverside und Ventura County) und insgesamt fast 200 Städten und Gemeinden. Was genau wozu gehört und wo liegt, wissen selbst die Einheimischen nicht genau. Im Folgenden sind die **für Besucher wichtigen Viertel und Regionen** aufgelistet:

- **Downtown** ist das Zentrum und Geschäftsviertel der Stadt, wird durch Wolkenkratzer markiert und ist in den letzten Jahren dank interessanter Entwicklungen in Vierteln wie dem Arts District oder dem Fashion District im Aufwind.
- **Hollywood** war bis 1910 eine eigene Stadt und ist seither das berühmteste Viertel von L.A., nordwestlich von Downtown gelegen.
- **Westside:** Westlich von Downtown und südwestlich von Hollywood erstrecken sich bis zum Pazifik die Nobelviertel der Stadt, z. B. Wilshire Center, Fairfax, Melrose, Bel Air, Westwood, Century City, Brentwood, Pacific Palisades oder Venice (Venice Beach), aber auch eigene Städte wie West Hollywood, Beverly Hills, Malibu oder Santa Monica. Zentrale Achse ist der **Wilshire Blvd.**, in dessen Umfeld von Downtown bis Santa Monica einige bedeutende Attraktionen liegen.
- **Chinatown** liegt nördlich von Downtown.
- **Griffith Park** ist ein nordwestlich der Innenstadt und nordöstlich von Hollywood gelegener Stadtpark in den Santa Monica Mountains.
- **Pasadena** – nordwestlich der Innenstadt und östlich des Griffith Park – lohnt wegen Old Pasadena und der Huntington Library & Gardens einen Besuch.
- **Westchester/LAX:** Direkt am Pazifik, südlich von Venice gelegen, spielt dieser Stadtteil v. a. wegen des internationalen Flughafens eine Rolle.
- **San Fernando Valley** ist ein nördlich von Hollywood und dem Griffith Park gelegenes Tal in den Santa Monica Mountains und Sitz der Universal Studios.
- **Harbor Area** meint das Gebiet um den Hafen zwischen San Pedro, Wilmington (Stadtteile von L.A.) und Long Beach.
- **Orange County** ist ein Landkreis, der südöstlich von Downtown beginnt und bis zum Pazifik reicht. Zugehörig ist die Metropole Anaheim. „O.C." ist eine touristische Hochburg mit Freizeitparks wie **Disneyland** und **Knott's Berry Farm** sowie **Beach Cities** wie Huntington Beach.

Die City of Los Angeles – ein markantes Häufchen von Wolkenkratzern – bei Sonnenaufgang

Kurztrip nach Los Angeles

Die meisten Besucher kommen im Rahmen einer längeren Rundreise nach L.A., oft ist die Metropole Ankunfts- oder Abflugspunkt. Doch es ist schwierig, Los Angeles an einem oder zwei Tagen zu erkunden, dazu sind allein schon die Distanzen zwischen den einzelnen Stadtteilen, Sehenswürdigkeiten und Attraktionen zu groß.

Drei Tage sollten für L.A. das Minimum sein – mehr wäre besser, speziell für alle, die Disneyland und eine Studiotour planen. Die Stadt kennt nämlich wie New York keine Grenzen. Auf den vielspurigen Autobahnen kann man rasch die Orientierung verlieren und sich angesichts der weitverstreuten Attraktionen und Museen, Einkaufsareale und *neighborhoods* schnell überfordert fühlen. Über eines sollte man sich klar sein: Es ist unmöglich, alle Attraktionen auf einmal „mitzunehmen", es müssen **Schwerpunkte** gesetzt werden. Öffentlicher Nahverkehr ist vorhanden, nützt einem allerdings nur eingeschränkt etwas, da er lokal begrenzt (z. B. Downtown und Hollywood) und die Benutzung zeitaufwendig ist. Ein **Mietwagen** ist unabdingbar, denn: L.A. ohne Auto ist wie New York ohne Schuhe – es ist möglich, aber schmerzlich!

1. Tag: Hollywood und Downtown

Der erste Tag gehört **Hollywood** und dem Herzen der Stadt, **Downtown L.A.** Das bietet auch den Vorteil, zu Anfang nicht gleich den ganzen Tag mit dem Auto unterwegs sein zu müssen, denn viele Ziele in Downtown L.A. und Hollywood sind gut mit **Metro Rail**, der Schnellbahn, und **DASH**-Bussen erreichbar.

Augen- und Ohrenschmaus: Frank Gehrys Walt Disney Concert Hall 8

083la Abb.: mb

Vormittags – Hollywood

Mit dem **Hollywood & Highland** 17 (Metro-Station Red Line) als Ausgangspunkt erkundet man entlang dem Hollywood Blvd. den **Walk of Fame** 16 und streift dabei Attraktionen wie das TCL Chinese Theatre 18, das Hollywood Roosevelt Hotel (s. S. 120), das Hollywood Museum 19 oder das Grauman's Egyptian Theatre 20. Man kann diesen Abschnitt auch im Rahmen eines geführten Spaziergangs, etwa der **Hollywood Behind-the-Scenes Tour** (s. S. 117), erkunden. Für die **Mittagspause** bieten sich Mel's Drive-In (s. S. 29), das legendäre Pig 'n' Whistle (s. S. 66) oder eines der Lokale im Hollywood & Highland 17 an.

Nachmittags – Downtown

Mit der Metro (Union Station 2, Red Line) gelangt man schnell von Hollywood in die Innenstadt und kann dort den auf Seite 13 beschriebenen **Spaziergang** zur Erkundung nutzen. **Downtown** hat eine Menge zu bieten, denn mehrere zentrale Viertel haben sich zu attraktiven Bummelarealen entwickelt. Dazu gehören der **Arts District** 5 jenseits von Little Tokio 4 oder der **Fashion District** 12 im südlichen Teil der Innenstadt. Unbedingt einplanen sollte man bei klarer Sicht einen Besuch der Aussichtsplattform **OUE Skyspace** (s. S. 20) im 70. Stock des zweithöchsten Baus der Stadt. Von dort oben bekommt man einen eindrucksvollen Überblick über die gewaltige Ausdehnung der Metropolregion Los Angeles.

Das gibt es nur in L.A.

- ***Star Gazing*** *am Rodeo Drive* 29*, am Sunset Strip* 28 *oder in einer der illustren Hotelbars*
- ***California Way of Life:*** *Wo, wenn nicht an den Stränden von L.A., hätte der legere Lifestyle der Beach Boys und Girls zu solcher Perfektion getrieben werden können (s. S. 44)?*
- ***Toons:*** *Comic- und Filmcharaktere in voller Montur bieten sich (gegen Trinkgeld) zum Fotografieren auf dem Hollywood Blvd. an (s. S. 27).*
- ***Santa Ana Winds:*** *Die „devil winds", die im Great Basin durch steigenden Luftdruck entstehen und bei Annäherung an L.A. Geschwindigkeiten bis zu 130 km/h erreichen können, sind gefürchtet (s. S. 87).*
- ***Filmstudios:*** *Beim Filmdreh zusehen, aktiv im Publikum bei einer Show dabei sein oder einfach „nur" Filmkulissen begutachten – nirgendwo sonst gibt es dazu so zahlreiche Gelegenheiten wie in L.A. (s. S. 31).*
- ***German Cars:*** *In keiner anderen amerikanischen Stadt sind* ***deutsche Autos****, v. a. BMW, Mercedes, Porsche, aber auch Audi und VW, beliebter als in L.A. „Deutsche Qualitätsarbeit" wird von den Angelenos als Statussymbol geschätzt.*

Abends und nachts

Hier lohnt auf alle Fälle der Besuch des **Entertainmentkomplexes L.A. LIVE** 13, einem Konglomerat von Restaurants, Bars, Klubs (z. B. The Novo, s. S. 76) und Kinos sowie dem Grammy Museum 13 und dem Staples Center (s. S. 115) als Sport- und Konzerthalle. Hier kann man den ersten Tag in L.A. gut ausklingen lassen.

2. Tag: Westside und Santa Monica

Am zweiten Tag stehen weitverstreute Highlights auf dem Besichtigungsprogramm, die man am besten im **Mietwagen** nacheinander abfährt. Zwar soll das Schnellbahnsystem auch in die Außenbezirke ausgebaut werden, doch bis z. B. auch Santa Monica angebunden ist, werden noch ein paar Jahre vergehen.

Vormittags und mittags

Auf der **Westside** befinden sich Nobelwohnorte wie **West Hollywood, Bel Air** oder **Beverly Hills** und hier erstrecken sich auch der legendäre **Rodeo Drive** 29 und der **Sunset Strip** 28, die bekannten Einkaufs- und Bummelmeilen der Stars und der Reichen. Ebenfalls im Westen der Stadt liegt mit dem **LACMA** 24 eines der Museumshighlights der Stadt. Für die Mittagspause empfiehlt sich eines der Museumsrestaurants oder der **L.A. Farmers Market** (s. S. 34). Fährt man gleich weiter zum **Getty Center** 32 in den Brentwood Hills, könnte man im dortigen Lokal nicht nur gutes Essen, sondern auch einen traumhaften Ausblick genießen.

Nachmittags und abends

Nach dem Besuch des Getty Center, der einem sicher zu kurz vorkommen wird, geht es an die Küste, in die **Getty Villa** 33 bei Malibu, um dort in die römische Antike einzutauchen. Für den Rest des Tages und eine laue Nacht wären Strandfeeling und Dolce Vita in **Santa Monica** 34 das Richtige (günstig mit Unterkunft dort). Vor dem Sonnenuntergang und einem Dinner am **Santa Monica Pier** lohnt sich ein Bummel über die **3rd Street Promenade**.

3. Tag: Besuch bei Mickey und seinen Freunden

Ein Besuch in Los Angeles wäre unvollständig ohne Mickey und Co. in **Disneyland** 41 seine Aufwartung zu machen. Dabei gilt es, sich zu entscheiden, ob man einen ganzen Tag investieren möchte – was sich angesichts der Eintrittsgebühr anböte – oder zusätzlich am Nachmittag einen Besuch in den **Universal Studios** 23 einplant.

Wer noch nicht auf dem **Griffith Observatory** 37 war, hätte abends dazu noch Gelegenheit.

Wer mehr Zeit hat ...

... hat Optionen über Optionen: Auf Westernfreunde wartet **The Autry** 38. Da dieses im **Griffith Park** 37 liegt, ließe sich der Museumsbesuch gut mit einer Erkundung des Parks inklusive des Griffith Observatory verbinden. Ein Tipp für Familien ist der **Zoo** gegenüber dem Autry Museum.

Knott's Berry Farm 42 – wie Disneyland in Anaheim gelegen – bietet sich als weiterer Vergnügungspark an.

Zum Entspannen, Ausruhen und für den Kunstgenuss eignen sich die **Huntington Library & Botanical Gardens** 40 hervorragend.

Wasserratten und Sonnenanbeter können unter **Strandkommunen** wie **Venice Beach** 35, **Redondo Beach, Long Beach** 36 – mit einigen kulturellen Attraktionen – oder **Huntington Beach** wählen.

Wer sich für die Stars und ihre Villen interessiert, sollte eine der **Bustouren** (s. S. 117) mitmachen, die in die illustren Viertel führen, etwa die Movie Stars' Homes Tours oder die Malibu Stars' Homes Tour.

Stadtspaziergang

Routenverlauf im Stadtplan
Die hier beschriebene Spaziergang ist mit einer farbigen Linien im Stadtplan eingezeichnet.

Downtown L.A., nur ein paar Schnellbahn-Stationen von Hollywood entfernt, hat sich in den letzten Jahren zu einem attraktiven Gemisch aus historischen und modernen Bauten sowie **schicken und ethnisch bunten Vierteln** gemausert. Der Rundgang startet an der **Union Station** 2 (Metro-Station Red Line). Ein Blick in den historischen Bahnhof lohnt. Ein paar Schritte entfernt erinnert **El Pueblo** 1 an die spanischen Wurzeln der Stadt. Zwei weitere **ethnische Viertel** in nächster Nähe sind Chinatown 3 im Norden und Little Tokio 4 im Süden, beide leicht mit der Metro erreichbar; sie sind jeweils nur eine Station (Gold Line) von Union Station entfernt.

Zurück zum Rundgang: Zwei Blocks südlich von El Pueblo erhebt sich die **City Hall** 6. Ein weiteres Highlight auf dem Rundgang ist die **Cathedral Our Lady of the Angels** 7, ein interessanter Bau, der jedoch durch die nahe **Walt Disney Concert Hall** 8 architektonisch noch übertroffen wird. Kunstfreunde sollten das gegenüberliegende **MoCA** 10 und **The BROAD** 9 nicht versäumen. Für einen **Imbiss** empfehlen sich die Stände im **Grand Central Market** 11 am mexikanisch geprägten Broadway mit einigen historischen Theatern. Vorbei am Pershing Square und der Central Library erreicht man das **Geschäftszentrum** mit Macy's Plaza und FIGat7th (s. S. 79). Einen guten Überblick über die Stadt hat man von der Aussichtsplattform OUE Skyspace (s. S. 20) im 70. Stock des U.S. Bank Tower.

Hier am **Ende des Rundgangs** liegt wieder eine Metro-Station (7th St./Metrocenter, Red, Purple, Blue und Expo Line). Entweder nutzt man sie zur Fahrt ins Hotel oder man schließt das Abendprogramm gleich an und fährt eine Station (Blue oder Expo Line bis Pico) weiter zum L.A.-Live-Komplex.

Von der Skyslide-Rutsche des OUE Skyspace LA (s. S. 20) hat man einen besonderen Blick über die Stadt

082la Abb.: LATCB

Downtown

Die Suche nach der Stadt Los Angeles scheint zwecklos – man fährt stundenlang durch gleichförmige Siedlungen und wundert sich, wo sich denn dieses L.A. eigentlich befinden soll. Bei genauerem Hinschauen entdeckt man dann jedoch am Horizont vor der Bergkulisse der schneebedeckten Sierra Nevada die in der Sonne glitzernde Skyline von Downtown.

Downtown L.A. bietet nicht nur spektakuläre Bauten und historische Relikte, sondern erlaubt auch das Eintauchen in ganz verschiedene Welten – chinesische, mexikanische oder und japanische. Daneben locken aber auch Kultur und Unterhaltung, Sport und Shopping.

Noch in den 1960er-Jahren war es tatsächlich schwierig, die Innenstadt überhaupt zu finden. Damals gab es noch keinen einzigen Wolkenkratzer, denn aus Angst vor Erdbeben hatte man sich für ein Bauen in die Breite, für *horizontal architecture*, entschieden. Diesem Prinzip ist man bis heute grundsätzlich treu geblieben, allerdings mit Ausnahmen wie Downtown oder Century City, wo in den letzten Jahrzehnten spektakuläre Hochhauskonglomerate entstanden.

EXTRAINFOS

Sightseeing: Distanz und Zeit

L.A. unterscheidet sich durch seine **Dimensionen** fundamental von anderen Großstädten. Obwohl in diesem Buch bei **Besuchszielen** zumeist der öffentliche **Nahverkehr** angegeben wurde, ist zu berücksichtigen, dass Busse oft lang brauchen und dann manchmal auch noch **Fußmärsche** nötig sind, um ans Ziel zu gelangen. Selbst mit dem **Auto** sollte man bei der Zusammenstellung des Besuchsprogramms die Entfernungen nicht unterschätzen, zumal Museen und Attraktionen **über den ganzen Großraum verteilt** sind. Eine Grundregel der Einheimischen lautet: „Plane immer eine Dreiviertelstunde extra ein!" – damit ist man entweder 15 Minuten zu früh – oder zu spät – dran ...

Unterwegs in Downtown

Wohnt man in Downtown, kann man bei der Erkundung der Innenstadt auf das eigene Auto verzichten. Viele Strecken lassen sich zu Fuß zurücklegen, zudem führen fünf Linien der **Metro Rail** (als U-Bahnen) in bzw. durch das Zentrum und fünf **DASH-Buslinien** ermöglichen schnelles Herumkommen für nur $ 0,50 pro Fahrt (s. S. 124).

1 El Pueblo de Los Angeles ★ [D2]

Der ideale Ausgangspunkt für einen Stadtrundgang ist der El Pueblo de Los Angeles Historic Park an der Olvera Street, gegenüber dem Bahnhof. 1781 schlug hier die Geburtsstunde der Stadt: In der Nachbarschaft des Indianerstammes der Tongva hatten an die 40 Siedler – nur zwei der *pobladores* waren aus Spanien, der Rest in Mexiko geborene Indianer, Schwarze oder Mestizen (Mischlinge) – ein kleines Dorf mit großem Namen gegründet: **El Pueblo de Nuestra Señora la Reina de Los Angeles de Porciúncula.**

Die restaurierten und unter Denkmalschutz gestellten Überbleibsel dieser alten spanisch-mexikanischen Siedlung gruppieren sich um den alten Marktplatz, **La Placita** mit Denkmälern und Bühne, und entlang der

Olvera Street. Das ganze Areal ist heute ein touristischer Anziehungspunkt mit bunten Marktständen und Straßenhändlern, Souvenirshops und Restaurants. Abends spielen Mariachi-Bands in den Restaurants auf. Interessanterweise befindet sich gerade im El Pueblo das neue **Italian American Museum of LA** (s. S. 59).

An die Vergangenheit erinnern historische Bauten wie die **Avila Adobe** von 1818 und damit das älteste erhaltene Haus der Stadt, das **Sepulveda House** (1887), das **Old Plaza Firehouse** (1884) oder die alte **Missionskirche Nuestra Señora la Reina de Los Angeles** (N Main St./Sunset Blvd.), die allerdings zwei Vorgängerinnen hat. Der erhaltene Kirchenbau stammt aus den Jahren nach 1860.

› **El Pueblo Visitor Center & Avila Adobe Museum,** E 10 Olvera St., tgl. 9–16 Uhr, Gelände (Läden/Restaurants) tgl. 10–22 Uhr (im Winter bis 19.30 Uhr), Avila Adobe und Sepulveda House tgl. 9–16 Uhr (frei). Infos (auch zu Veranstaltungen und Gratistouren): https://elpueblo.lacity.org. Anfahrt: Metro Rail – Red, Purple, Gold Line bis „Union Station".

Als Würdigung der mexikanischen Kultur versteht sich die **LA Plaza de Cultura y Artes** mit Kulturzentrum, Ausstellungen zur Geschichte der Mexikaner bzw. Mexican-Americans in L.A., mit Programmen und Veranstaltungen sowie Imbissbuden, historischen Bauten und Grünanlage.

› 501 N Main St., Mo., Mi./Do. 12–17, Fr.–So. 12–18 Uhr, frei, www.lapca.org

022la Abb.: mb

„Eisenbahnkathedrale" aus den 1930er-Jahren: die Union Station 2

2 Union Station ★ [D2]

Direkt gegenüber von El Pueblo liegt der sehenswerte **Hauptbahnhof** der Stadt, die Union Station. In den späten 1930er-Jahren erbaut, gilt das Gebäude als Musterbeispiel des spanisch-mexikanischen Baustils mit Streamline-Elementen (s. S. 62) und als perfekte Verkörperung von einstigem Reiseluxus. Noch heute dient der Bahnhof als End- bzw. Startpunkt der Fernzüge der halbstaatlichen Eisenbahngesellschaft Amtrak, dazu als Haltepunkt für die lokalen Nahverkehrszüge sowie der Metro Rail.

› 800 N Alameda St., Anfahrt: Metro Rail – Red, Purple, Gold Line bis „Union Station"

3 Chinatown ★ [C1]

Nördlich der Union Station gilt das sich über acht Blöcke entlang dem N Broadway ausdehnende Chinatown als **ältestes seiner Art in den USA.** Hier sollen gut 12.000 Menschen leben, das Zentrum befindet sich um den Sunyat-Sen Square.

Zwar lässt es sich nicht mit dem berühmteren und größeren Chinesenviertel in San Francisco vergleichen, doch auch hier werden in den Geschäften neben viel Kitsch authentische Waren aus China, Taiwan und Hongkong verkauft und die Restaurants bieten Köstlichkeiten des Fernen Ostens.

› Anfahrt: Metro Rail – Gold Line bis „Chinatown"

4 Little Tokyo ★ [D3]

Südlich der Union Station erstreckt sich zwischen 1st und 2nd sowie Alameda und Los Angeles Street Little Tokyo mit der **Japanese Village Plaza** (1st St./Central Ave.) im Zentrum. Dort beginnt der „Little Tokyo Walk" – ein markierter Rundgang durch das Viertel mit Informationstafeln. Konzentriert im Japanese Village und dem nahen Wolden Court bieten Läden und Lokale japanische Produkte und Spezialitäten an. 1995 wurde das Viertel als National Historic Landmark District unter Denkmalschutz gestellt.

Wer sich für die Geschichte der Japaner in den USA interessiert, sollte das **Japanese American National Museum** (s. S. 59) besuchen. Daneben befindet sich das **Geffen Contemporary** (s. S. 61), eine der beiden Filialen des MOCA 10.

› Anfahrt: Metro Rail – Gold Line bis „Little Tokyo", Bus 30, 40, 42 bis „Judge John Aiso/1st"

KLEINE PAUSE

Kulinarisches Chinatown

1 [C1] **Hop Woo BBQ & Seafood Restaurant,** 845 N Broadway. Große preiswerte Kombiplatten mit viel *seafood,* aber auch Fleisch oder Hummer. Bis mind. 1 Uhr geöffnet.

2 [C1] **Phò Restaurant,** 942 N Broadway. Phò, die vietnamesische Nudelsuppe, wird hier serviert. Außerdem gibt es *eggrolls* und große Portionen Fleisch, z. B. *rice and pork chop.*

3 [C1] **Wonder Bakery,** 943 N Broadway. Espresso, Smoothies und Säfte werden zu chinesischen *sesame balls,* Cremekuchen, *sweet-bean pies* oder Fleischtaschen serviert. Gut sind auch die *soft buns* mit süßen oder salzigen Füllungen.

Japanische Leckereien

4 [D4] **Kouraku,** 314 E 2nd St. Diner mit günstigen Nudelgerichten.

5 [E4] **Tenno Sushi** $$, 209 S Central Ave. Günstige Sushi und Rolls.

6 [D4] **Yamazaki Bakery,** 123 Japanese Village Plaza Mall. Brot und süßes Gebäck aller Art.

5 Arts District ★★ [E4]

Östlich von Little Tokyo schließt sich der angesagte Arts District an. Er erstreckt sich grob zwischen E 1st und E 6th St. und östlich der Alameda St. bis zum Los Angeles River. In die alten Lagerhallen sind nicht nur **Künstler** mit Werkstätten und Galerien eingezogen, sondern auch schicke Lokale und Cafés. Beispiele sind die **Angel City Brewery** (s. S. 73) oder

Zinc Café & Market (s. S. 69). Bekannt ist das Viertel auch für seine Wandmalereien.

Als Zentrum gilt **At Mateo** (s. S. 79), wo auf fünf Lagerhäuser verteilt eine Mischung aus Shoppingmall und Kulturzentrum entstanden ist. Ebenfalls neu ist **ROW DTLA** (s. S. 79): Wo in den 1920er-Jahren der LA Terminal Market beheimatet war, befinden sich heute Shops und Restaurants und es finden Events wie Smorgasburg (Markt, Flohmarkt und Imbiss) oder ein Wochenmarkt statt.

› Anfahrt: Metro Rail – Gold Line bis „Little Tokyo/Arts District"

6 City Hall ★ [C3]

Einen Block südlich von El Pueblo bildet die monumentale **City Hall** den Kern des **Civic Center District.** Zwischen 1928 und 1964 galt das Rathaus mit seinen 27 Etagen noch als höchster Bau der Stadt, denn aus Angst vor Erdbeben waren lange keine Hochhäuser erlaubt. Obwohl inzwischen ringsum zahlreiche moderne *skyscraper* das Rathaus überragen, lohnt der (kostenlose) Ausblick vom 27. Stock des Rathausturms sich immer noch.

Schräg gegenüber fällt das klotzige Gebäude der **L.A. Times** ins Auge, eine der größten Tageszeitungen Amerikas, die 1881 als „Los Angeles Daily" gegründet worden war. Heute, in Krisenzeiten der Printmedien, sucht die Times ungewöhnliche Verdienstmöglichkeiten und vermietet den Bau auch für Dreharbeiten an die Film- und Fernsehindustrie.

› **City Hall Observation Level,** 201 N Main St., 27th floor, Mo.–Fr. 9–17 Uhr, Eintritt frei, aber Sicherheitskontrollen, Anfahrt: Metro Rail – Red, Purple Line bis „Civic Center"

Öffentliche Kunst an Metro-Bahnhöfen

Los Angeles Metro (s. S. 124) hat ein ***Public Art Project*** *ins Leben gerufen, bei dem in Bahnhöfen im ganzen County Kunstwerke zu lokalen Themen gezeigt werden. Seit 1989 hat das Metro Art Department über 300 vorwiegend einheimische Künstler beauftragt,* ***Busstationen und Bahnhöfe,*** *aber auch* ***Busse*** *u. a. künstlerisch auszugestalten.*

Ausführliche Infos zu dem Projekt und zu Touren finden sich unter: www.metro.net/about/art.

Beispiele an der Red Line:

› *Union Station: Wandbild „LA: City of Angels" von Cynthia Carlson*

› *Civic Center Station: „Under the Living Rock", Glasmosaik von Samm Kunce*

› *Pershing Square Station: „Neons for Pershing Square Station", Neonkunst von Stephen Antonakos*

› *7th Street/Metro Center Station: „The Movies: Fantasies and Spectacles", zwei Wandbilder zum Thema Film von Joyce Kozloff*

023la Abb.: LATCB©Michele & Tom Grimm

7 Cathedral of Our Lady of the Angels ★★ [B3]

Aus den gleichförmigen Verwaltungsbauten südlich von El Pueblo, ragt die architektonisch ungewöhnliche Cathedral of Our Lady of the Angels heraus, die kaum rechte Winkel aufweist und doch an spanische Missionskirchen erinnert. Die **Bischofskirche** des Erzbistums Los Angeles, das über 4 Mio. Gläubige zählt, wurde 2002 nach Plänen des spanischen Architekten José Rafael Moneo fertiggestellt und bietet 3000 Menschen Platz. Von innen wie von außen wirkt der Bau luftig und ähnelt kaum einer typischen Kirche. Sehenswert ist die monumentale „Our Lady of the Angels" am Hauptportal, geschaffen von Robert Graham. Im **Untergeschoss** befindet sich neben einer Kapelle und Münchener Glasfenstern aus den 1920er-Jahren auch ein Mausoleum, in dem u.a. der Schauspieler Gregory Peck zur letzten Ruhe gebettet liegt. Eine **Ruheoase** trotz der nahen Autobahn ist der kleine Garten neben der Kirche.

> 555 W Temple St., www.olacathedral.org, kostenlose Touren Mo.–Fr. 13 Uhr (ab Eingang Temple St.), mit Café und Shop, Anfahrt: Metro Rail – Red, Purple, Gold Line bis „Union Station"

8 Walt Disney Concert Hall ★★★ [B3]

Ein Blickfang in Downtown L.A. ist die 2003 fertiggestellte Walt Disney Concert Hall, ein mehrteiliges, abenteuerlich geschwungenes, organisches Gebilde aus silbernen Metallplatten, in denen sich die Sonne Kaliforniens und die üppige Vegetation des zugehörigen Parks effektvoll spiegeln.

Lillian Disney, Ehefrau von Walt Disney, hatte 1987 der Stadt eine Spende zukommen lassen, die sie mit der Auflage verband, dass das Geld als Grundstock für den Bau einer **städtischen Konzerthalle** verwendet werden sollte. Der berühmte kanadische Architekt Frank Gehry erhielt den Auftrag und es entstand eine der architektonisch meist diskutierten, auffälligsten und bedeutendsten Konzerthallen der Welt. Sie wird jedoch zugleich für ihre **hervorragende Akustik** – dafür zeichnet der Japaner Yasuhisa Toyota verantwortlich – viel gerühmt. Die Halle verfügt über 2265 Plätze, die ungewöhnlicherweise im Kreis um das Orchester angeordnet sind, wobei die Sitze hinter der Orchestra besonders preiswert zu haben sind. Eine mächtige Orgel – von den Angelenos spöttisch „French Fries" genannt – lässt den Raum wie eine Kathedrale wirken.

Die **Innengestaltung** mit viel Holz, Kunstwerken und in warmen Farben gehalten, steht im Kontrast zum **äußeren Erscheinungsbild** der von dünnen silberglänzenden Stahlplatten verkleideten mehrteiligen Halle. Die Formen sollen an Segel – Gehry ist begeisterter Segler – und an Rosen erinnern. Letzteres ist eine Referenz an die Sponsorin und ihre Liebe zu Gärten. Ihr zu Ehren wurde auch ein außergewöhnlicher **Roof Garden** (frei zugänglich) mit Rosenbrunnen aus Delfter Porzellan hinzugefügt.

Die Disney Concert Hall ist Teil des **Music Center** (s. S. 76), mehrerer Bauten, die sich entlang der Grand Avenue nordwärts anschließen und in denen Los Angeles Master Choir, Symphonie Orchestra und Opera zu Hause sind.

> 111 S Grand Ave., www.laphil.com, Roof Garden tgl. 9–23 Uhr, Besichtigung innen auf eigene Faust (mit kostenlosem Audioguide) tgl. 10–14 Uhr, Gratistouren

ab Lobby meist Do.–So. 12/13.15 Uhr, genaue Termine siehe www.musiccenter.org/visit/Exploring-the-Center, mit Café, Restaurant Patina und Laden. Anfahrt: Metro Rail – Red, Purple Line bis „Civic Center".

9 The BROAD ★★★ [B4]

Neben der Disney Concert Hall befindet sich mit The BROAD ein spektakuläres Museum für zeitgenössische Kunst.

Das vom Architekturbüro Diller Scofidio + Renfro mit einer auffälligen gespinstartigen Fassade geplante Gebäude beherbergt eine wechselnde Auswahl der rund 2000 Werke (Nachkriegskunst und Zeitgenössisches) der von Eli und Edythe Broad ins Leben gerufenen **Broad Art Foundation**, die im Museum ihren Sitz hat und weltweit Kunstwerke verleiht.

Das Besondere am Museumskonzept ist, dass öffentlich zugängliche Ausstellungsflächen gekonnt mit Archiv- und Lagerräumen verbunden wurden, die für Besucher einsehbar sind. Ungewöhnlich ist die den Bau umgebende wabenartige Hülle, die das Tageslicht eindringen lässt, aber die Sonne abhält.

An das Museum grenzt im Süden eine mit Olivenbäumen begrünte **Plaza** an, die an einer Schmalseite durch ein **Restaurant** begrenzt wird.

› 221 S. Grand Ave., Di./Mi. 11–17, Do./Fr. 11–20, Sa. 10–20, So. 10–18 Uhr, www.thebroad.org, Eintritt frei, mit The Shop at The Broad (Literatur, Kunsthandwerk, Accessoires, Poster und Karten) und dem Restaurant Otium auf der vorgelagerten Plaza (http://otiumla.com), Metro Rail – Red, Purple Line bis „Civic Center"

10 MOCA (Museum of Contemporary Art) ★★ [B4]

Die Grand Avenue, an der auch die Walt Disney Concert Hall 8 liegt, ist die Hauptachse von **Bunker Hill.** Einst ein Nobelwohnviertel, erstreckt sich heute hier der von modernen Wolkenkratzern dominierte **Financial District.** Gegenüber der Concert Hall befindet sich in einem ungewöhnlichen, postmodernen Gebäudekomplex des japanischen Architekten Arata Isozaki aus dem Jahr 1986 das **Museum of Contemporary Art.** Es zeigt eine der bedeutendsten amerikanischen Sammlungen moderner und zeitgenössischer Kunst verschiedenster Genres von Künstlern wie Rothko,

081la Abb.: ib

☐ The BROAD ist nicht nur architektonisch sehenswert, sondern auch wegen der hier gezeigten Kunst

KLEINE PAUSE

Pupusas

Sarita's Pupuseria im Grand Central Market 11 ist bekannt für frische und preiswerte Tortillas. Die handgemachten Maistortillas werden als *pupusa revueltas* wie Teigtaschen mit Käse, Bohnen und *chicharrón* (Speckkrusten) gefüllt oder als Basisvariante *frijol y queso* (Bohnen und Käse) mit Krautsalat serviert. Dazu trinkt man am besten *watermelon agua fresca.*

EXTRATIPP

Dem Himmel so nah

Im 69. und 70. Stock des zweithöchsten Baus der Stadt, des 1989 eröffneten U.S. Bank Tower, wurde 2016 die **höchste Aussichtsplattform Kaliforniens** eröffnet: **OUE Skyspace.** Von etwa 330 m Höhe hat man bei guten Verhältnissen im Freien einen grandiosen 360-Grad-Ausblick und kann dazu die außen gelegene **Glasrutsche** (Skyslide) vom 70. zum 69. Stockwerk erproben und einen Drink in der Skyspace Bar nehmen.

Höher als der U.S. Bank Tower ist nur der Wilshire Grand Tower mit 335 m, in dem sich u. a. das Inter-Continental Hotel befindet. Von dessen Rooftop Cocktail Lounge **Spire 73** kann man ebenfalls den Ausblick genießen.

★7 [B5] **OUE Skyspace LA,** 633 W Fifth Street, https://oue-skyspace.com, So.-Do. 10-21, Fr./Sa. 10-22 Uhr, $ 25, Skyslide $ 8 extra

8 [A5] **Spire 73,** 900 Wilshire Blvd., http://spire73.com

de Kooning, Pollock, Kline, Rauschenberg, Rosenquist, Oldenburg, Warhol, Francis, Flavin, Stella oder Ruscha sowie Wechselausstellungen.

Das unterirdisch gelegene Museum verfügt über zwei weitere Filialen, eine in Little Tokyo – **The Geffen Contemporary** (s. S. 61) – und das **MOCA Pacific Design Center** (s. S. 59) in West Hollywood, wo Wechselausstellungen zu zeitgenössischer Architektur und Design stattfinden.

› 250 S Grand Ave., www.moca.org, Mo./Fr. 11-17, Do. 11-20, Sa./So. 11-18 Uhr, $ 12, mit schönem Museumsladen (Schmuck, Bücher, Magazine) und Café lemonade, Anfahrt: Metro Rail – Red, Purple Line bis „Civic Center"

11 Grand Central Market ★ [C4]

Nur Schritte vom MOCA entfernt, wirkt das altehrwürdige Hotel **Millennium Biltmore** (s. S. 120) in braunem Ziegel inmitten all der topmodernen Bank- und Versicherungs-Hochhausbauten fast wie ein Fremdkörper. 1923 an der Grand Avenue erbaut, zählt es zu den nobelsten Herbergen des Westens und ist bei Prominenten aller Genres beliebt. An der Südseite des Hotels breitet sich der **Pershing Square** aus, 1866 als erster Stadtpark angelegt. Monumente, Denkmäler und Brunnen verteilen sich auf dem Platz, auf dem im Sommer Konzerte (s. S. 76) und ein Markt stattfinden und der einen beliebten Ruhepol im geschäftigen Zentrum darstellt.

Vom Pershing Square ist es ein Katzensprung zum **Broadway** und dort glaubt man sich nach Mexiko versetzt: Man spricht spanisch, fährt südländisch und es riecht nach Tortillas, die wie auch Früchte am Straßenrand verkauft werden. Ramschläden und Kleidergeschäfte reihen sich aneinander, doch Ziel der meisten Besucher ist der **Grand Central Market.** Seit 1917 werden in dieser Halle Obst, Gemüse und mexikanische

Spezialitäten an den Verkaufs- und Imbissständen angeboten.

Einst erstreckte sich um den Broadway der **Broadway Historic Theatre District**, von dem als eindrucksvollste Beispiele das **Los Angeles Theatre** (615 S Broadway), das **Palace Theatre** – ein ehemaliges Vaudeville-Theater von 1911 – und das **Orpheum** (s. S. 76) sowie das **Bradbury Building** (304 Broadway) von 1893 übrig geblieben sind.

Dass man sich im **Jewelry District** (Hill St./Broadway, 5th–8th St.) bewegt, merkt man schnell an den blinkenden Schaufensterauslagen, den Kippa tragenden jüdischen Ladenbesitzern und dem bulligen Wachpersonal.

Auch die **Los Angeles Central Public Library** (630 W 5th St.) mit Gratis-WLAN liegt in nächster Nähe.

› 317 S Broadway, tgl. 9–18 Uhr, Anfahrt: Metro Rail – Red, Purple Line bis „Pershing Square"

⓬ The Bloc Downtown/ Fashion District ★ [B6]

Als neues Bummelareal entlang dem 7th Street Corridor mit Läden und Lokalen ist **The Bloc Downtown** nur zwei Blocks südlich der Bibliothek entstanden. Eine Fußgängerunterführung verbindet die Station „7th St./Metro Center" mit The Bloc.

Von hier ist es nur ein Katzensprung zum **Fashion District**, der sich zwischen Main und San Pedro sowie 7th und 16th St. ausbreitet. Dort locken preiswerte Designerläden, New Mart, California Market Center (s. S. 79) und Cooper Design Space (860 S Los Angeles St.) zum Einkaufsbummel. Das **FIDM** (**Fashion Institute of Design & Merchandising**) betreibt nicht nur ein kleines **Museum** (s. S. 58), sondern auch einen Laden, in dem man günstig Accessoires (Schmuck), Bücher, Handtaschen und Kleidung – entworfen von Studenten der Schule – erwerben kann. Das Museum zeigt interessante Wechselausstellungen und verfügt über eine beachtliche Sammlung von mehr als 10.000 Kostümen, Accessoires und Stoffen vom 18. Jh. bis heute, darunter viele Theater- und Filmkostüme.

In eines der alten Lagerhäuser, in dem 1909 ein städtischer Markt eingerichtet worden war, ist heute der City Market South (s. S. 81) mit Büros und kleinen Läden sowie Lokalen eingezogen.

› Anfahrt: Metro Rail – Purple, Red, Blue, Expo Line bis „7th St./Metro Center"

› **The Bloc Downtown**, 700 S Flower St., www.theblocla.com

⓭ L.A. LIVE mit GRAMMY Museum ★★ [A7]

Zwischen 2007 und 2010 entstand mit L.A. LIVE in der südlichen Innenstadt ein großer, moderner **Entertainmentkomplex.** Außer Restaurants und Bars, Kinos und Musikklubs sorgte v. a. das **Marriott Hotel** (s. S. 120), dessen obere Etagen das Luxushotel Ritz Carlton einnimmt, für eine touristische Wiederbelebung von Downtown. Beliebt ist **The Novo** (s. S. 76), das mit seinen 2300 Plätzen als Konzertbühne dient, und der legendäre Klub **Conga Room** (s. S. 73) zieht ebenso junge Leute an wie die Lucky Strike Lanes, eine Bowlinganlage mit 18 Bahnen.

Interessant für Besucher ist aber v. a. das dem Komplex zugehörige **GRAMMY Museum.** Dort geht es um den „Oscar der Musikindustrie" – Auszeichnungen, die seit 2008 hier vergeben werden. Auf vier Etagen geht es um Musiklegenden, Stars und Bands, Labels und Aufnahmestudios, große Produzenten, die Geschichte der Awards und die Musikentwicklung im Allgemeinen. Dazu gehören Hörstationen, Filme und Wechselausstellungen. Außer einer Dachterrasse gehören die Grammy Sound Stage, eine Bühne mit 200 Plätzen, wo regelmäßig Konzerte stattfinden, und ein großer Shop zum Museum.

› GRAMMY Museum, S Figueroa St., www.grammymuseum.org, Mo.–Fr. 11.30–19.30 und Sa./So. 10–19.30 Uhr, $ 12,95. Infos zu L.A. LIVE: www.LALive.com. Anfahrt: Metro Rail – Blue oder Expo Line bis „Pico"

Exposition Park

Südlich an den Campus der **University of Southern California (USC)** schließt der **Exposition Park an.** 1913 zur Weltausstellung entstanden, wurden anlässlich der Olympischen Sommerspiele 1932 und 1984 mehrere Sportstätten hinzugefügt. Erhalten ist das **Los Angeles Coliseum**, die 92.000 Plätze fassende Hauptarena der Spiele von 1984. Heute trägt hier das beliebte College-Football-Team der USC seine Heimspiele aus. An der Stelle der alten Sporthalle wurde das **Banc of California Stadium**, Heimat des Fußballvereins Los Angeles FC mit 22.000 Plätzen, erbaut.

Im Zentrum des Parks lädt ein **Rosengarten** mit etwa 17.000 Pflanzen von 750 Sorten zur Pause ein. Hauptgrund für einen Besuch des Parks sind jedoch **zwei ungewöhnliche Museen:** das Natural History Museum 14 und das California ScienCenter 15.

› Anfahrt: Metro Rail – Expo Line bis „Expo Park/USC", ab Downtown auch Busse Nr. 40, 42 und 740, Parken $ 12

14 Natural History Museum of LA County (NHM) ★★★ [dh]

Das „NHM" wurde 2013 hundert Jahre alt. Es ist eines der größten Naturkundemuseen der USA und bietet für Jung und Alt interessante Abteilungen, für die man genügend Zeit einplanen sollte.

Beim NHM handelt es sich um das erste öffentliche Museum Kaliforniens. Zu ihm gehörte ursprünglich auch das Los Angeles County Museum of Art 24. Um das Museum, zu dessen Bestand 16 Mio. Ausstellungsstücke gehören, attraktiver zu gestalten, wurde der repräsentative klassizistische Bau im Beaux-Art-Stil, der von der Weltausstellung 1913 übrig geblieben ist, zum 100. Geburtstag umfassend renoviert.

Um die elegante **Rotunde** an der Ostflanke mit einer Statue der drei Musen im Zentrum entstanden neue Ausstellungsbereiche. Der modern und mit viel Hightech gestaltete Bereich **„Age of Mammals"** gibt einen Überblick über die Entwicklung der Säugetiere von der Frühzeit bis hin zum Menschen. Mittels Fossilien, Rekonstruktionen und interaktiven Medien werden der Simi Valley Mastodon, die Säbelzahnkatze oder der Wolf zu neuem Leben erweckt. Die **„Dinosaur Hall"** ist eine der größten Dino-Ausstellungen der Welt und in **„Becoming Los Angeles"** wird ein Überblick über die Entstehung der Stadt bis zur Moderne gegeben. Auch ein Teil des Exposition Park wurde als **„Urban Wilderness Garden"** einbezogen: Hier geht es um das Ökosystem der Region.

Zu den Highlights des Museums gehört z. B. **„DInosaur Encounters"**, wo ein nachgebauter Dinosaurier durch Animation zum Leben erweckt wird. Ebenfalls einzigartig ist die umfangreiche **Gold- und Mineralienausstel-**

lung, die u.a. einen der insgesamt nur drei existierenden roten Diamanten der Welt zeigt.

Im Freien, vor dem Museum wurden die mehrteiligen **Nature Gardens** mit einem „Nature Lab" für Kinder angelegt. Besonders sehenswert sind die Butterfly & Spider Pavilions.

› 900 Exposition Blvd., www.nhm.org, tgl. 9.30–17 Uhr, $ 14, Oceans3D & Spider Pavilions $ 24 (zeitgebundene Tickets). Konzerte, Führungen, Events am 1. Fr. im Monat

15 California ScienCenter ★★★ [dh]

Mit bis zu zwei Millionen Besuchern ist das California ScienCenter nicht nur eine der Hauptattraktionen von L.A., sondern von ganz Kalifornien. Abgesehen von den abwechslungsreich multimedial gestalteten Abteilungen steht hier auch das größte IMAX-Kino Kaliforniens.

Einen Steinwurf vom NHM 14 entfernt, fällt der moderne Komplex des **California ScienCenter** ins Auge. Zahllose interaktive Exponate und Ausstellungen beschäftigen sich mit Themen rund um Wissenschaft und Natur, Ökologie, Biologie, Medizin und Raumfahrt; Highlight ist das **Raumschiff Endeavour** im Samuel Oschin Pavilion, Teil der „Air & Space"-Abteilung des Museums. Für das Raumschiff wurde ein eigener Hangar gebaut, um das Space Shuttle und seine Geschichte gebührend zu würdigen.

Das Besondere ist, dass die einzelnen Abteilungen sich als bunte Mischung aus Informationen, Ausstellungsstücken, Multimedia und Spiel präsentieren. Zu den besonders gelungenen Teilen gehört **„Ecosystems"**: Es geht um die Ökosysteme der Welt, ihre Bedeutung und ihren Schutz.

EXTRATIPP

Ausflug zu den Watts Towers

Tief in der South Side bilden die 30 m hohen Watts Towers ein bizarres **Folk-Art-Monument**, in das der Künstler **Simon Rodia** (geboren 1879 in Italien) 33 Jahre Arbeit ohne jegliche technischen Hilfsmittel gesteckt hat. Die Türme – der höchste ist 30 m hoch – sind ein Sammelsurium von Stahldrähten, Flaschen, Geschirr, Keramikfliesen, Bettenstahlfedern und Zehntausenden von Muscheln und bilden ein skurriles Kunstwerk aus 17 verbundenen Einzelteilen, die von Weitem wie Gaudís Sagrada Familia in Barcelona wirken.

Zugehörig ist das **Watts Towers Arts Center** mit Ausstellungen zum Bau und zum Künstler, v. a. aber stellen hier junge afroamerikanische Künstler aus. Es finden Veranstaltungen verschiedenster Art statt, es gibt ein „artist-in-residence"-Programm und es wurde schon viel für das Viertel und seine Bewohner getan.

★9 [di] **Watts Towers & Arts Center**, 1761–1765 E. 107th/Graham Ave., www.wattstowers.us, Mi.–Sa. 10–16, So. 12–16 Uhr, $ 7, Touren Fr.–So., Ausstellungen im Arts Center. Anfahrt: Metro Rail – Blue Line bis „103rd St."

Die Abteilungen **„Creative World"** – hier geht es um Kommunikation, Fortbewegung und Architektur – und **„World of Life"** – die Themen sind Körperfunktionen und Verhalten, Gene und Energie – sind sehr „hands-on"-orientiert.

› 700 Exposition Park Dr., tgl. 10–17 Uhr, http://californiasciencecenter.org, Eintritt frei, kostenpflichtig sind IMAX-Filme (wechselnd) und Space Shuttle ($ 3) sowie das Parken ($ 12)

0941a Abb.: LATCB©Dylan Schwartz

Hollywood

Es ist der mythische Ruf Hollywoods, der die meisten Besucher nach L.A. lockt. Der Stadtteil im Westen steht für Showbiz und Oscars, Filmstudios und Walk of Fame, Stars und kuriose Attraktionen. Doch Hollywood ist mehr, ist „Hollyweird" – das Viertel der schrägen Typen, Aussteiger und selbsternannten Sternchen.

Ein riesiger Schriftzug hoch über der Stadt, am Westabhang der Santa Monica Mountains mitten im Griffith Park, kündigt das berühmteste Stadtviertel von L.A. großspurig an: **„H-O-L-L-Y-W-O-O-D"**. Der Name leitet sich von „holly", der Stechpalme ab, allerdings ohne dass hier allzu viel Ilex gewachsen wären. Vielmehr hatte **Harvey Henderson Wilcox,** Immobilienmakler aus Chicago, 1886 für $ 24.000 Land am späteren Hollywood Boulevard, Ecke Cahuenga Ave., gekauft und ein Haus daraufgestellt, das von seiner Frau Daeida wegen des Gestrüpps im Garten „Hollywood" getauft wurde.

Eine Gruppe berühmter Investoren, die mit Immobilien Geld machen wollte, versuchte dann 1923 auf ungewöhnliche Weise, Siedler anzulocken: Ein **weithin sichtbarer Schriftzug** auf der 460 m hohen Hügelkette über dem Beachwood Canyon sollte auf den Ort und die zur Verfügung stehenden Grundstücke aufmerksam machen. Ein erfolgreicher **Werbeschachzug,** denn seither kann der Stadtteil westlich von Downtown auf eine erstaunliche Karriere zurückblicken: Aus einem kleinen verschlafenen Bauerndorf entwickelte sich das heute von unzähligen Touristen aus aller Welt heimgesuchte „Tinseltown", die „Lamettastadt".

Anfang des 20. Jh. hatten die ersten **Filmregisseure und Produzenten** von der Ostküste die klimatischen Vorteile Kaliforniens, die z. B. ganzjährige Außendrehs ermöglichen, für ihr expandierendes Gewerbe erkannt. Obwohl viele Studios längst in die Vorstädte abgewandert sind und man auch Stars und Sternchen hier

H-O-L-L-Y-W-O-O-D

*Eine Gruppe cleverer Investoren, darunter **Harry Chandler,** der Herausgeber der L.A. Times, wollte in den frühen 1920er-Jahren in den Hollywood Hills Land verkaufen, und dies zu Zeiten, als dort die Besiedelung noch sehr dünn war. Man ließ zu **Werbezwecken** einen Schriftzug anfertigen, der ungefähr 15 m hoch, 137 m breit und von 4000 Glühbirnen erleuchtet war: **„HOLLYWOODLAND“** wurde am 13. Juli 1923 enthüllt und sollte ursprünglich nur für 18 Monate an Ort und Stelle bleiben.*

*Doch auch als das Land verkauft und bebaut war, blieben die Buchstaben stehen und gerieten 1932 sogar in die Nachrichten, als sich die 24-jährige britische Schauspielerin **Peg Entwistle** vom „H“ hinab in den Tod stürzte. Ab den 1930er-Jahren wuchs der **Vandalismus,** 1949 fiel das „H“ um und wenig später wurde „LAND“ entfernt. Die anderen Buchstaben wurden renoviert, allerdings entfernte man die Glühbirnen. Bis 1973 stand die Schrift ohne jeglichen Schutz und Graffiti, Diebstähle und Feueranschläge gehörten zur Tagesordnung.*

*1978 war das Schild dermaßen heruntergekommen, dass das Hollywood Chamber of Commerce eine **„Save the Sign“-Aktion** ins Leben rief und innerhalb von 32 Tagen eine Viertelmillion Dollar sammelte. Playboy-Gründer **Hugh Hefner** veranstaltete eine Spendengala, bei der er „Paten“ für einzelne Buchstaben anwarb. Dabei übernahm **Gene Autry** das zweite L, **Andy Williams** das W und Rocker **Alice Cooper** das mittlere O. 1978 wurde das alte Schild abgenommen und für $ 10.000 an einen Nachtklubbesitzer verkauft. Drei Monate später standen dann die neuen 13,7 m hohen Buchstaben, jeweils um die 10 m breit.*

*Im November 2005 war die erste **Generalüberholung** fällig: ein Neuanstrich in „Hollywood White“. Unterdessen war auch der Originalschriftzug auf eBay verkauft worden und hatte sensationelle $ 450.400 eingebracht. Heute ist das Areal um das Hollywood Sign (Teil des Griffith Park) nicht mehr für die Öffentlichkeit zugänglich. Gute Sicht darauf hat man aber vom Griffith Observatory **37** und von Hollywood & Highland **17**.*

nicht mehr häufig antrifft, sind immer noch knapp 150.000 Menschen in diesem Wirtschaftszweig beschäftigt und Hollywood genießt ungebrochene Anziehungskraft.

Der Stadtteil ist heute wieder einen Besuch wert: War noch vor Jahren ein Bummel auf dem **Hollywood Boulevard** eine Enttäuschung, brachten Verschönerungsmaßnahmen in den letzten Jahren enormen Wandel. Neubauten und Renovierungen haben das Zentrum sauberer und attraktiver gemacht und die historischen Bauten, v. a. Theater und Kinos, wurden auf Hochglanz poliert. Der Shopping- und Unterhaltungskomplex **Hollywood & Highland 17**, in dessen **Dolby Theatre** (s. S. 75) seit 2002 die Oscars verliehen werden, sorgte zusätzlich für Attraktivität.

◁ 1923 als Werbeschild angebracht, heute das Wahrzeichen der Stadt: der Hollywood-Schriftzug

028la Abb.: mb

16 Walk of Fame ★★★ [h2]

Hauptanziehungspunkt Hollywoods ist der Hollywood Boulevard, die Hauptschlagader des gleichnamigen Stadtteils, mit seinem legendären, etwa 2,5 km langen Walk of Fame, auf dem sich Persönlichkeiten aus dem Showgeschäft verewigt haben.

Der Hollywood Boulevard ist **mit Sternen gepflastert,** genauer, mit sternförmigen, bronzegefassten pinkfarbenen **Terrazzoplatten mit Bronzeinschrift.** Der Walk of Fame zwischen La Brea und Gower sowie auf der Vine Street wurde 1958 ins Leben gerufen. Sein westliches Ende an der Ecke Hollywood Blvd./La Brea Ave. markiert ein silberglänzender **Gazebo** (Pavillon) mit einer bekrönenden Spirale, die die Aufschrift „Hollywood" trägt und von vier lebensgroßen „Gottheiten" getragen wird: Verkörpert sind die Schauspielerinnen **Mae West, Dolores Del Rio, Dorothy Dandridge** und **Anna May Wong.**

Beginnend mit **Joanne Woodward** (1960) wurden mittlerweile **über 2600 Berühmtheiten** aus der Unterhaltungsindustrie, lebende und verstorbene, eingeteilt in die Kategorien „Motion Pictures" (Film), „TV", „Recording" (Musik), „Radio" und „Theater" und jeweils mit den entsprechenden Symbolen versehen, hier verewigt. Es sind nicht aber nur Stars, sondern auch Erfinder **Thomas Edison, Donald Duck** und drei Hunde – **Lassie, Rin Tin Tin** und **Strongheart** – vertreten. Andererseits haben z. B. Robert Redford, Mel Gibson, Jane Fonda und Clint Eastwood bisher **noch keinen Stern** erhalten. Ein etwas mysteriöses **Komitee,** bei dem das Hollywood Chamber of Commerce mitmischt, entscheidet einmal jährlich über Nominierungen und wählt rund 20 Vorgeschlagene aus, die dann **$ 40.000** zahlen, um auf dem Fußweg verewigt zu sein. Ewiger Ruhm hat eben seinen Preis!

Marylin Monroe (1644 Hollywood Blvd.) gehört zu den meist besuchten „Stars", von ihr steht vor dem Hollywood Museum 19 zudem seit 2006 eine Statue von Dominico Neri. Aber auch **James Dean** (1719 Vine St.), **John Lennon** (1750 Vine St.) oder **Elvis** (6777 Hollywood Blvd.) sind stets umlagert. Einige Persönlichkeiten ha-

Der Walk of Fame mit seinen bronzegefassten Sternen ist die Hauptattraktion von Hollywood. Inzwischen wurden hier schon mehr als 2600 Persönlichkeiten verewigt.

ben es sogar auf mehrere Sterne gebracht: **Bing Crosby** hat drei und der Schauspieler, singende Cowboy und einstige Baseballteam-Besitzer (Angels) **Gene Autry** sogar fünf.

› Ausgangspunkt: Hollywood Blvd./Ecke Highland Ave., Anfahrt: Metro Rail – Red Line bis „Hollywood/Highland"
› Mehr Infos: www.seeing-stars.com/immortalized/walkoffame.shtml sowie http://hwof.com

17 Hollywood & Highland ★ [h2]

Ausgangspunkt für einen Rundgang und zugleich Herz von Hollywood ist der Entertainment- und Shopping-Komplex **Hollywood & Highland**, an der gleichnamigen Straßenkreuzung und Metrostation gelegen. Der 2001 eröffnete Multifunktionskomplex, der $ 567 Mio. verschlang, verfügt über Kinos, Restaurants und Filialen bekannter Modeketten wie Banana Republic, Benetton, Gap, Hilfiger, Louis Vuitton oder Guess, dazu über ein Hollywood Visitor Information Center sowie ein Renaissance Hotel. Von hier aus bietet sich ein ausgezeichneter Blick auf die Santa Monica Mountains und das **Hollywood Sign** (s. S. 25).

Optisch wenig auffällig, stellt das **Dolby Theatre** (s. S. 75), ehemals Kodak Theatre, die Hauptattraktion des Centers dar. Hier werden von der Academy of Motion Picture Arts & Sciences jeden Februar die Film-Oscars vergeben (www.oscars.org/oscars). Außerdem finden zahlreiche andere Events und täglich Theater-Touren statt.

Schräg gegenüber befindet sich der Vorgänger: Im legendären **Hollywood Roosevelt Hotel** (s. S. 120) fand im Jahre 1929 die erste Oscar-Verleihung statt. Eine kleine Ausstellung im Mezzanin (Zwischengeschoss) erinnert an jene Tage.

› Hollywood/Highland Ave., tgl. 10–22, So. bis 19 Uhr, mit Info-Kiosk (Level 2), http://hollywoodandhighland.com, Anfahrt: Metro Rail – Red Line bis „Hollywood/Highland"

EXTRATIPP

Star Toons

Hollywood Star Toons imitieren einerseits Comic- und Zeichentrickfiguren *(Cartoons)* wie Superman, Spiderman, Spongebob oder Batman und Robin, andererseits aber auch z. B. die Muppets und reelle Stars wie die Beatles, Elvis oder Marilyn Monroe. Sie sind am Hollywood Blvd. kein seltenes Bild, v. a. vor dem Grauman's Chinese Theatre und entlang dem Walk of Fame sind sie unterwegs, um sich von Touristen gegen eine Spende fotografieren zu lassen. Angeblich sind Streitereien und Konflikte zwischen den einzelnen Toons und rivalisierende Cliquen keine Seltenheit, ebenso sollen Taschendiebstähle (durch Ablenkung) und Drogendeals in den Toons-Kreisen verbreitet sein. Also beim Knipsen gut auf die Wertsachen aufpassen!

18 TLC (Grauman's) Chinese Theatre ★★ [h2]

Sid Grauman (1879–1950) war ein gewiefter Geschäftsmann und Besitzer der ersten Großkinos in L.A. Ehe er nach Hollywood kam, verdingte er sich als Goldsucher in Klondike. Zum Unternehmer aufgestiegen, pflegte er später gute Kontakte zu vielen Hollywoodstars und wurde v. a. wegen drei legendärer Kinopaläste in L.A. – neben dem Chinese Theatre das Million Dollar Theatre (307 S Broadway) von 1918 und das Egyptian Theatre 20 von 1922 – berühmt.

Das 1927 eröffnete **Grauman's Chinese Theatre** fesselte die Besucher nicht nur wegen der gezeigten Filme, sondern v. a. auch wegen der **exotischen Architektur.** Im Stil einer chinesischen Pagode und unter Verwendung vieler Originalteile aus China erbaut, beliefen sich die Baukosten für das Kino, das 2200 Zuschauer fasste und dazu für Wurlitzer-Orgel, ein Orchester und Bühne Platz hatte, auf stolze $ 2 Mio. Damals wurde auf ein vielseitiges Unterhaltungsprogramm mit Musik und Tanz zusätzlich zu den Filmen Wert gelegt.

Grauman führte außerdem auf dem Vorplatz vor dem prächtigen Portal eine neue Tradition ein: Die Stars der gezeigten Premierenfilme mussten sich in frisch verlegten Betonplatten mit **Fuß- und Handabdruck** sowie Unterschrift und Datum verewigen. Inzwischen sind es fast 200 Platten, die sich neben den Sternen auf dem dem Walk of Fame zur Hauptattraktion gemausert haben. Grauman erhielt für seine Verdienste selbst einen Stern auf dem Walk of Fame (6379 Hollywood Blvd.).

› 6925 Hollywood Blvd., Touren tgl. nach Bedarf $ 14, www.chinesetheatres.com, Anfahrt: Metro Rail – Red Line bis „Hollywood/Highland"

19 Hollywood Museum ★★ [h2]

Ende 2001 eröffnete im historischen **Max Factor Building** von 1914 das Hollywood Museum. Der Bau war 1928 von der Kosmetikfirma Max Factor bezogen worden, die 1909 von dem polnisch-jüdischen Immigranten Maximilian Faktorowicz gegründet worden war (heute Procter & Gamble). Factor wurde als „Kosmetik-Pionier" berühmt, arbeitete schon früh mit Hollywoodstars zusammen und nutzte sie, indem er ihnen teure Produkte zur Verfügung stellte, als Werbepartner.

Das etwas verschachtelt und eng wirkende **Museum** besteht aus vier großen Abteilungen: Im Mittelpunkt stehen auf zwei Etagen die Unterhaltungsindustrie und ihre bekanntesten Filme. Zudem erfährt der Besucher mehr über Max Factor, es gibt eine umfangreiche Autogramm- und Fotosammlung und im Untergeschoss eine etwas kuriose Ausstellung zu Horrorfilmen. Filmausschnitte und vielerlei Relikte – Kostüme, Kulissen, Fotos, Poster, Manuskripte und Auszeichnungen – aus diversen Filmen und aus dem Besitz zahlreicher Stars machen das Museum zum **Muss für Filmfreunde.**

Angeschlossen sind eine Bibliothek, ein Filmraum und ein Shop sowie der Imbiss Mel's Drive-In.

› 1660 N Highland Ave., Mi.–So. 10–17 Uhr, $ 15, http://thehollywoodmuseum.com, Anfahrt: Metro Rail – Red Line bis „Hollywood/Highland"

20 (Grauman's) Egyptian Theatre ★ [h2]

Am Hollywood Boulevard sind mehrere weitere alte Kinopaläste erhalten. So z. B. das **El Capitan Theatre** (6838 Hollywood Blvd.), das 1926 als Konzert- und Showbühne eröffnet worden war und 1941 bei der Premiere von „Citizen Kane" erstmals als Kino genutzt wurde.

Zweites Highlight ist das aufwendig gestaltete, etwas kitschig wirkende **Egyptian Theatre.** Es war der erste große Filmpalast in Hollywood und wurde im ägyptisierenden Stil errichtet, der damals en vogue war. 1922 wurde das Theater mit dem Monumentalstreifen „Robin Hood“, mit Douglas Fairbanks in der Hauptrolle, eröffnet. Ein Ticket kostete $ 5.

Besitzer Sid Grauman hatte kurz zuvor mit dem ersten Filmtheater in den USA, dem **Million Dollar Theater** am Broadway in Downtown, die Basis für sein Kino-Imperium gelegt. Vor der Säulenfront des prächtigen Egyptian Theatre wurde auf seine Idee hin erstmals bei Premieren ein roter Teppich ausgerollt, über den die jeweiligen Filmstars zur Vorführung schritten.

Mit dem Niedergang der Filmindustrie geriet auch das pompöse Kino in den 1970er-Jahren in Vergessenheit und der Abriss drohte. Engagierte Angelenos konnten das Juwel jedoch retten und der Bau wurde 1998 teilweise renoviert.

Heute ist das Egyptian Theatre Sitz der American Cinematheque, es werden wieder Filmklassiker gezeigt und regelmäßig finden Filmfestivals statt.

› 6712 Hollywood Blvd., Tickets $ 11, Tour $ 5 extra, www.egyptiantheatre.com, Anfahrt: Metro Rail – Red Line bis „Hollywood/Highland“

21 Hollyhock House ★ [dg]

Zwischen 1919 und 1921 realisierte der Architekt **Frank Lloyd Wright** sein erstes Projekt an der Westküste. Er war in seiner Heimatstadt Chicago für eine erstmals eigenständige amerikanische Wohnarchitektur bekannt geworden und galt als Begründer des Prairie Style.

Etwas ungewöhnlich, aber passend für Hollywood, ist das Hollyhock House. Es wurde für die Ölerbin Aline Barnsdall im Stil eines alten **Mayatempels** inmitten eines großen Parks

KLEINE PAUSE

Snack in einer Filmkulisse

Mel’s Drive-In bietet Gelegenheit, einen Snack in einer legendären Filmkulisse einzunehmen: Hier wurde einst der Film „American Graffiti“ gedreht.

10 [h2] **Mel’s Drive-In,** 1660 N Highland, https://melsdrive-in.com

geplant. Mittlerweile steht es unter Denkmalschutz, kann aber wie der Barnsdall Park ringsum mit seinen rund 1000 Olivenbäumen besucht werden.

› 4800 Hollywood Blvd., Touren Do.–So. 11–16 Uhr, https://barnsdall.org/hollyhock-house, $ 7, Anfahrt: Metro Rail – Red Line bis „Vermont/Sunset“

22 Hollywood Forever Cemetery ★ [j4]

1899 war der Hollywood Memorial Park Cemetery als Friedhof der damals noch kleinen Ortschaft angelegt worden. Die **Paramount Studios** (s. S. 31) entstanden wenig später im hinteren Teil, wo das heute letzte erhaltene klassische Hollywoodstudio noch immer steht. Allein schon dieser Umstand machte den Friedhof zur bevorzugten **Ruhestätte vieler Schauspieler, Drehbuchschreiber, Produzenten** und **Showstars** und noch heute finden sich z. B. am 23. August Filmfreunde am Grab von Rudolph Valentino ein oder schmücken die Gräber von Jayne Mansfield oder Douglas Fairbanks.

› 6000 Santa Monica Blvd., tgl. 8.30–17 Uhr, mit Kulturprogramm, www.hollywoodforever.com, Anfahrt: Bus 4 bis „Santa Monica/Van Ness“

23 Universal Studios Hollywood ★★★ [cf]

Die Universal Studios sind mit die bekanntesten Filmstudios weltweit. Seit das Filmgelände 1964 öffentlich zugänglich gemacht wurde, hat sich viel verändert: Seither handelt es sich um eine Art Vergnügungspark mit vielerlei Fahrgeschäften und Aktivitäten, Shops und Shows.

Die Universal Studios gelten als weltgrößtes Film- und TV-Studio, in dem bislang über 8000 Filme gedreht wurden. Zur Besucherattraktion wurde es ab 1964, als man öffentliche Touren über das Gelände anbot und ringsum ein riesiger Vergnügungspark entstand, von dem es mittlerweile zwei Ableger in Orlando/Florida und Osaka/Japan gibt, die insgesamt über 25 Mio. Besucher jährlich anlocken.

1912 hatte der Schwabe Carl Laemmle die Studios, die damit zu den ältesten in den USA gehören, gegründet. Bereits in der Anfangszeit wurden Touren veranstaltet, um Filmfreunde an sich und die hier gedrehten Filme zu binden. Bekannt wurde Universal z. B. für Streifen von Steven Spielberg und Alfred Hitchcock, für „Men in Black", „Shrek", „Der Weiße Hai" und „Earthquake: The Big One".

Heute sind die Studiotouren eher zweitrangig, der dreiteilige Komplex hat weit mehr zu bieten: Den riesigen Parkhäusern am nächsten gelegen ist der **Universal CityWalk**, ein gratis zugänglicher Entertainment- und Shoppingkomplex bestehend aus etwa 30 Läden, Kinos (auch IMAX), rund 25 Lokalen, Bars und Nightspots sowie dem Themenpark „The Wizarding World of Harry Potter" (www.citywalkhollywood.com).

Vorbei am markanten **Universal Studios Globe**, einer silbernen Weltkugel mit Schriftzug und Brunnen, geht es zu den Ticketständen und zum Eingang in den **Vergnügungspark** mit einzelnen Themenkomplexen, Achterbahnen u. a. Fahrgeschäften, Shows und Vorführungen, Läden und Lokalen. Zu den Attraktionen zählen „Revenge of the Mummy", „Despicable Me Minion Mayhem", „Jurassic World", „Waterworld – A Live Sea War Spectacular", die „Nickelodeon Blast Zone", „The Simpsons" und „Transformers: The Ride – 3D".

Im hinteren Geländeteil, an den langen Warteschlangen vor dem „Trambahnhof" zu erkennen, starten die **Studiotouren.** Es ist empfehlenswert, diese an den Anfang der Besichtigung zu stellen. Die rund 45-minütigen **Rundfahrten** über das Filmgelände finden in offenen Trams auf Rädern statt (kein Aussteigen möglich), wobei auf kleinen Monitoren passende Filmausschnitte gezeigt werden. Es geht vorbei an Filmkulissen, *soundstages* und *movie sets,* man passiert aktive lagerhallenartige Studios und wird mit Spezialeffekten und Stuntmanshows wie einem Erdbeben der Stärke 8,3, einer Springflut in einem mexikanischen Dorf, einem Sturm oder einer einstürzenden Brücke in Staunen versetzt. Auch der „Der weiße Hai" oder „King Kong" geben sich die Ehre.

Auf dem Weg von oder zu den Studios fällt der Blick auf die riesige Anlage der **Hollywood Bowl** (s. S. 75), einer Freiluftarena, in der von Juli bis September Konzerte unterschiedlichster Art stattfinden. Das zugehöri-

▷ Die Universal Studios sind mehr als nur ein Drehort: Es gibt ein Einkaufsareal, einen Vergnügungspark und Touren über das Gelände.

029la Abb.: mb

Weitere Studiotouren

Die Universal Studios liegen genau genommen schon im **San Fernando Valley.** „The Valley" mit Orten wie Burbank, Glendale, San Fernando oder Chatsworth macht seit den 1960er-Jahren einen enormen Wandel vom Agrarland zum „Schlafzimmer" von L.A. durch. Heute leben in dem 40 mal 16 km großen Tal etwa 1,8 Mio. Einwohner und die Region hat sich zum Zentrum der Film- und TV-Industrie entwickelt. Die meisten Studios befinden sich in **Burbank** (Disney, NBC, Warner Bros. bzw. Universal) – der Rest ist über L.A. verstreut, z. B. in Century City (20th Century Fox) oder Culver City (Sony Pictures Studios). Nicht alle sind für die Öffentlichkeit zugänglich, bei manchen ist Anmeldung zu Touren nötig.

★11 [bh] **Sony Pictures Studio Tour,** 10000 W Washington Blvd., Culver City, www.sonypicturesstudiostours.com, Mo.–Fr. 9.30/10.30/13.30/14.30 Uhr zweistündige Touren ab Sony Pictures Plaza, $ 50.

★12 [j4] **The Studios at Paramount,** 5555 Melrose Ave., Hollywood, www.paramountstudiotour.com. Zweistündige Studiotouren tgl. halbstündlich 9.30–14 Uhr, $ 58, auch längere VIP-Touren, Voranmeldung online oder unter Tel. 323 9561777.

★13 [cf] **Warner Bros,** 3400 Riverside Dr., Burbank, www.wbstudiotour.com, tgl. 8.15–15.30 Uhr, verschiedene Touren ab $ 65 (Online-Voranmeldung). Parken an Gate 5, 3400 Warner Blvd./ Avon St.

Tickets für **TV-Shows** gibt es im Internet unter www.TVtickets.com und www.tvtix.com.

ge kleine **Museum** (2301 N Highland Ave., Di.–Fr. 10–17 Uhr, im Sommer länger, frei) befasst sich mit der Geschichte der Filmindustrie, der berühmten Open-Air-Bühne und mit großen Stars und Konzerten.

› 100 Universal City Plaza, Öffnungszeiten variieren, meist tgl. 9–20/21 Uhr (im Winter 10–18 Uhr), www.universalstudioshollywood.com, ab $ 109, Universal Express (ohne Wartezeiten) ab $ 179, CityWalk kostenlos (www.CitywalkHollywood.com), Parkgebühr $ 25. Anfahrt: Metro Rail – Red Line bis „Universal City".

Westside

Westside, die Stadtviertel und Nobelorte westlich von Downtown und Hollywood, zeigen die „feine" Seite von L.A. Hier liegen, vielfach abgeschirmt hinter Mauern und Hecken, gut bewacht und gesichert, Orte und Straßen, die weltweit besonderen Ruf haben: Rodeo Drive und Beverly Hills, Bel Air und Sunset Strip. Darüber hinaus ist hier eine ganze Reihe ungewöhnlicher Museen zu finden: beispielsweise das Getty Center, die Getty Villa und das LACMA.

Die Städte westlich von L.A. – West Hollywood, Beverly Hills, Bel Air oder Westwood – bilden die „Westside", wobei Teile von Hollywood und Century City häufig ebenfalls dazugezählt werden. Einst war **West Hollywood** wie Hollywood nur ein Stadtteil von L.A., seit 1984 aber ist West Hollywood eine selbstständige Stadt zwischen Hollywood und Beverly Hills.

Hauptachse der Westside ist der legendäre **Sunset Boulevard** mit seinem berühmten Teilabschnitt, dem **Sunset Strip**. Weitere wichtige Straßen sind **Santa Monica** und **Wilshire Boulevard** [a7–g7]. Letzterer wird auch „Miracle Mile" genannt. Hip und trendy präsentiert sich **Melrose West**, ein Abschnitt der weiter im Südosten gelegenen Melrose Avenue.

Wilbur Cook, der 1907 das heutige **Beverly Hills** erwarb, würde staunen: Wo zu Anfang keiner wohnen wollte, befinden sich heute die teuersten Immobilien von L.A. Begonnen hatte der Boom in den 1920er-Jahren, als Douglas Fairbanks am Summit Drive für $ 35.000 eine Liebeslaube für sich und Mary Pickford bauen ließ. Es folgten Stars wie Charlie Caplin, Will Rogers oder Gloria Swanson und seither will jeder, der Rang und Namen hat, hier leben und auf dem **Rodeo Drive** einkaufen. Noch abgeschotteter leben die Reichen in **Bel Air**, einem sich im Westen anschließenden Nobelvorort.

24 LACMA (Los Angeles County Museum of Art) ★★★ [f7]

Das Los Angeles County Museum of Art gehört zu den herausragenden Kunstmuseen der Westküste und gilt als „Metropolitan Museum of the West Coast". Der mehrteilige Komplex ist schon wegen der Architektur sehr sehenswert, die Sammlungen geben dazu einen guten Überblick über die Kunst- und Kulturgeschichte der Welt.

Mid Wilshire heißt das südlich Hollywoods gelegene Viertel, das vom Wilshire Blvd. durchschnitten wird. Lohnend ist dieser Teil der Stadt besonders wegen seiner Dichte an sehenswerten Museen, die den Spitznamen **Museums Row** hervorgebracht hat. Das herausragendste ist das LACMA, das Los Angeles County Museum of Art, in dessen Umgebung zahlreiche Food Trucks (s. S. 68) Speisen anbieten.

Über die zentrale Plaza mit dem Kunstwerk **„Urban Lights"** erreicht man den aus sieben Gebäuden bestehenden Komplex mit einer hochkarätigen Sammlung von Malerei, Skulpturen, Textilien und dekorativer Kunst von der Prähistorie bis heute. Die neuesten Bauten stammen vom Reißbrett des Architekten Renzo Piano: das **Broad Contemporary Art Museum/BCAM** für zeitgenössische Kunst, der **Resnick Pavilion** für Wechselausstellungen und der BP Pavilion als Zugangsbereich. Auf dem North Lawn fällt die 140 m lange Spalt-Skulptur „Levitated Mass" von Michael Heizer ins Auge, über die ein 340 t schwerer Megalith aus Granit platziert wurde.

Das **BCAM** ist nicht nur wegen der zeitgenössischen Installationen, z. B. einer von Richard Serra, einen Besuch Wert, man hat von der Freitreppe zugleich einen guten Ausblick auf die Stadt, mit dem Hollywood Sign im Hintergrund. Alternativ kann man einen der größten Aufzüge der Welt – in den sogar ein kleiner Museumsladen eingebaut werden soll – nutzen.

In den älteren Gebäuden befinden sich Abteilungen mit Kunst verschiedenster Genres aus allen Epochen und aller Welt. Auch die Ausstellungsräume selbst wurden teilweise von Künstlern gestaltet: Diesbezüglich besonders sehenswert sind **„Art of the Pacific"** und **„Latin American Art"** im Art of the Americas Building.

Bis 2023 sollen die Einzelkomponenten von LACMA zu einem neuen Museumscampus nach Plänen von Peter Zumthor, zur **„Museum Row at Miracle Mile"**, umgestaltet werden.

Gegenüber dem LACMA steht am Wilshire Boulevard das größte noch erhaltene Stück der **Berliner Mauer** – schließlich ist Berlin die Schwesterstadt von L.A. Im Westen des LACMA soll Ende 2019 das **Academy Museum of Motion Pictures** (www.academymuseum.org) eröffnen.

› 5905 Wilshire Blvd., www.lacma.org, Mo./Di./Do. 11–17 Uhr, Fr. 11–20 Uhr, Sa./So. 10–19 Uhr, $ 25. Empfehlenswerter Museumsladen, verschiedene Lokale, im Sommer diverse Freiluftveranstaltungen. Anfahrt: eigenes Parkhaus (Zufahrt: W 6th St.), Bus 20 (Westwood) bzw. 720 (Santa Monica) bis „Wilshire/Fairfax".

Als Schwesterstadt von Berlin hat Los Angeles ein großes Stück Berliner Mauer vorzuweisen

030la Abb.: mb

25 La Brea Tar Pits – George C. Page Museum ★ [f7]

Angrenzend an das LACMA erinnern die La Brea Tar Pits im **Hancock Park** an die Entstehungsgeschichte der Erde. Die Ansammlung natürlichen Asphalts, auch „Erdpech" oder „Bergteer" genannt, in diesen ungewöhnlichen **„Teergruben"** zeugen von unterirdischen Teer-, Erdöl- und Erdgasvorkommen, die sich im Becken des Großraums von L.A. angesammelt haben. Hier am Lake Pit reichen diese Teergruben bis an die Oberfläche und gelegentlich verrät ein Blubbern, dass Methangas entweicht.

Die asphaltreichen Sedimente zählen zugleich zu den ergiebigsten Fundstellen von Fossilien aus dem Pleistozän, der letzten Eiszeit. Inzwischen hat man Fossilien von annähernd 400 Arten gefunden. Es wurde auch einen „Pleistozän-Garten" angelegt. Einen Einblick in die Zeit von Säbelzahntigern und Mammuts, aber auch in die Arbeit der Wissenschaftler bietet das zugehörige **George C. Page Museum.** Hier und auf der Website des Museums erfährt man auch mehr über die neuesten Ausgrabungen, u.a. über das **Project 23**: Bei der Neugestaltung des LACMA-Areals 24 auf dem Grund des ehemaligen mexikanischen Landsitzes **Rancho La Brea** hat man in 23 Proben aus 16 Teergruben unzählige Fossilien gefunden. Herausragend war dabei ein fast zu 80 % erhaltenes Mammutskelett.

› 5801 Wilshire Blvd., www.tarpits.org, tgl. 9.30–17 Uhr, ab $ 15, Anfahrt: Parkhaus des LACMA (Zufahrt W 6th St.), Bus 20 (Westwood) bis „Wilshire/Curson"

26 The Craft and Folk Art Museum (CAFAM) ★ [f7]

Das Craft and Folk Art Museum ist zwar nur ein kleines, äußerlich wenig auffälliges Museum auf zwei Etagen, dafür werden hier aber jedes Jahr ungewöhnliche Wechselausstellungen zu abwechslungsreichen Themen gezeigt. Das **Kunsthandwerk** und sein Bezug zum **Alltagsleben bestimm-**

KLEINE PAUSE

L.A. Farmers Market

Seit 1934 kommen die Angelenos zum **L.A. Farmers Market,** um frische Produkte aus dem Umland zu kaufen oder Spezialitäten zu genießen. Inzwischen sind Essensstände, Cafés und Bars im Vergleich zu regulären Marktständen fast in der Überzahl. Ein besonderer Tipp ist **Du-Par's.** In der seit 1928 betriebenen Bäckerei/Konditorei gibt es nicht nur leckeres Gebäck zu kaufen, sondern das angeschlossene, rund um die Uhr geöffnete Restaurant bietet auch zwischen 16 und 18 Uhr (und 4–6 Uhr morgens) ein **„Beat the Clock"-Menü** mit einer Auswahl an Gerichten (inkl. Suppe oder Salat) zu besonders günstigen Preisen. Um 5:15 p.m. (17.15 Uhr) würde das Essen z. B. $ 5,15 kosten. Im direkten Umfeld des Marktes gibt es weitere interessante Läden wie etwa den **Cost Plus World Market** (alles von Möbeln bis zu Wein und Haushaltswaren), eine Filiale des Biosupermarkts **Whole Foods** sowie das Einkaufszentrum **The Grove** (s. S. 79).

14 [f6] **L.A. Farmers Market,** 3rd St./Fairfax Ave., www.farmersmarketla.com, Mo.–Fr. 9–21, Sa. 9–20, So. 10–19 Uhr, Anfahrt: Parkplatz Fairfax Ave., Bus 16 bzw. 316 (Century City) bis „3rd/Fairfax"

ter Kulturen werden auf interessante Weise miteinander in Verbindung geracht, um neue Einblicke in unterschiedliche Kulturkreise weltweit zu erhalten. Im zugehörigen Shop wird passend zu den aktuellen Ausstellungen Kunsthandwerk aus aller Welt angeboten, außerdem gibt es ein Veranstaltungsprogramm.

› 5814 Wilshire Blvd., www.cafam.org, Di.–Fr. 11–17, Sa./So. 11–18 Uhr, $ 9, Parken siehe LACMA oder Page Museum, Bus 20 (Westwood) bis „Wilshire/Curson"

27 Petersen Automotive Museum ★★ [f7]

Schräg gegenüber dem LACMA bietet das **Petersen Automotive Museum** ein Kontrastprogramm und fällt schon architektonisch – roter Baukörper mit Metallbändern in Rennwagenform – auf. Das 1994 von Margie und Robert E. Petersen ins Leben gerufene und mit $ 30 Mio. unterstützte Museum informiert auf drei Ausstellungsebenen einerseits über das **Straßensystem** und dessen Bedeutung für Bevölkerung und Stadt und zeigt andererseits **über 150 rare Classic Cars, Trucks** und **Motorräder** sowie eine im Maßstab 1:1 nachgebaute Straße in L.A. inklusive historischer Fahrzeuge. Zudem geht es um die **Zukunft des Autoverkehrs**, es finden **Wechselausstellungen** statt, Filmautos werden gezeigt und die **Hot Wheels Hall of Fame** (Modellautos) ist hier beheimatet. Sehenswert ist besonders **The Vault**, wo über 250 Autos aller Epochen zu bestaunen sind.

› 6060 Wilshire Blvd., www.petersen.org, tgl. 10–18 Uhr, $ 18, Vault-Touren ab $ 23, eigenes Parkhaus (Gebühr $ 20), Bus 20 (Westwood) bzw. 720 (Santa Monica) bis „Wilshire/Fairfax"

088la Abb.: mb

Im Petersen Automotive Museum gibt es Classic Cars in allen Varianten

28 Sunset Strip ★ [c3]

Die einen nennen diesen Abschnitt des Sunset Boulevard zwischen Crescent Heights Blvd. und dem Doheny Dr. die „langweiligste Flaniermeile der Welt", andere kennen ihn aus der TV-Serie „77 Sunset Strip" und schätzen ihn als Shoppingdestination. Auf alle Fälle handelt es sich um einen **Jahrmarkt der Eitelkeiten**, und das schon seit den 1950er-Jahren. Man kommt hierher und besucht Nobelrestaurants, edle Boutiquen und schicke Cafés, um zu sehen und gesehen zu werden. Lange war der Strip die Lebensader der Unterhaltungsindustrie, der Nacht- und Pornoklubs. Rauschende Partys fanden v.a. in den 1960er-/1970er-Jahren in Klubs wie Pandora's Box, The Roxy Theatre (s. S. 73), Whisky-A-Go-Go (8901 Sunset Blvd.) oder der Rainbow Bar (9015 Sunset Blvd.) statt, wo Jimi Hendrix, Bob Marley und Bruce Springsteen auftraten. Bekannt ist auch der Comedy Store (8433 Sunset

0891a Abb.: mb

Blvd.), in dem schon Jay Leno, Whoopi Goldberg oder David Letterman auf der Bühne standen.

Im Zentrum des Strip steht der **Sunset Tower** (8358 Sunset Blvd.) von 1931, ehemals ein Art-déco-Apartmentkomplex, in dem Marilyn Monroe, Clark Gable, John Wayne oder Errol Flynn wohnten. An seinem östlichen Ende befindet sich das nicht minder illustre **Chateau Marmont** (8221 Sunset Blvd.). Das Herz der Straße schlägt an der **Sunset Plaza** (8600 Sunset Blvd.) mit kleinen Läden und beliebten Bistros.

› www.thesunsetstrip.com, Anfahrt: kostenpflichtige Parkplätze am/um den Sunset Blvd., Bus 2/302 (Sunset Plaza)

29 Beverly Hills mit Golden Triangle und Rodeo Drive ★★ [a7]

Die Anfänge des legendären **Rodeo Drive** im Nobelvorort Beverly Hills waren alles andere als spektakulär: Der spanische Name „Rancho Rodeo de Las Aguas" bezieht sich darauf, dass man hier bei Ölbohrungen nicht auf „schwarzes Gold", dafür aber auf das in L.A. nicht minder wichtige **Wasser** gestoßen war. Dieses machte es damals möglich, Schafzucht zu betreiben und Felder anzulegen.

Wo sich einst Felder und Weiden befanden, geht heute die Schickeria einkaufen und speisen – z. B. im altehrwürdigen, 1912 erbauten **Beverly Hills Hotel** am Ende des Rodeo Drive. Im auch „Pink Palace" genannten Hotel und dessen beliebter Polo Lounge treffen sich noch heute Filmproduzenten, Regisseure und Schauspieler.

1914 als Shopping- und Promeniermeile von Beverly Hills angelegt, wurde **„The Drive"** erst durch Julia Roberts und den Film „Pretty Woman" weltbekannt. 1968 eröffnete mit Gucci die erste Nobelboutique, dazu kamen schnell andere Edelschuppen wie Versace, Christian Dior, Dolce & Gabbana, Hermès oder Prada.

An der Ecke Rodeo Dr./Wilshire Blvd., **Via Rodeo**, eine Fußgängerzone im Stil eines europäischen Dorfes, schlägt das Herz des Viertels. Heute wird das ganze Areal zwischen Rodeo und Beverly Drive sowie Wilshire Boulevard **„Golden Triangle"** genannt. Auf dem parallelen **Beverly Drive** finden „Normalverdiener" eher das Passende.

Idealer Ausgangspunkt für einen Rundgang ist das 1928 eröffente **Beverly Wilshire Hotel** (9500 Wilshire Blvd., www.fourseasons.com/beverlywilshire), in das man einen Blick werfen sollte. Direkt gegenüber beginnt der berühmte **Rodeo Drive**, der zum Bummeln, Auslagenbewundern und zum Ausschauhalten nach Stars einlädt. Die parallel verlaufenden Beverly und Canon Drives sind kostengünstigere Alternativen für den Einkauf und zum Essen. Ein Muss ist der Park am Santa Monica Blvd. (zwischen Rodeo und Beverly Dr.) mit dem **Schriftzug „Beverly Hills"**.

› Anfahrt: gebührenpflichtige Parkplätze an und um Beverly Dr., Bus 20 (Wilshire/Rodeo) oder 720 (Wilshire/Beverly).

30 Museum of Tolerance ★ [bg]

1993 eröffnet, sorgte das Museum of Tolerance (MOT), Simon Wiesenthal Center, von Anfang an für weltweites Aufsehen. Der architektonisch interessante, aus verschiedenen Kuben kombinierte Hightechbau auf der Simon Wiesenthal Plaza, auch als „Holocaust-Museum"' bekannt und u.a. von Regisseur Steven Spielberg („Schindlers Liste") gesponsort, dient der **Dokumentation und Erforschung von Rassenhass und Vorurteilen**, besonders während der Nazizeit. Mittels Videoinstallationen geht es auch um aktuelle Rassenkonflikte.

› 9786 W Pico Blvd., Mo.–Fr./So. 10–17 bzw. 15.30 Uhr (Nov.–März), www.museumoftolerance.com, $ 15,50. Mit interessantem Museumsladen. Anfahrt: Parkhaus (kostenlos, Zufahrt über Pico Blvd.), Bus 14 bis „Pico/Beverwil" (zwei Blocks östlich).

31 Westwood und UCLA ★ [bg]

Westlich von Beverely Hills und Century City liegt **Westwood**, eine beliebte Schlafstadt. Nicht so vornehm wie Beverly Hills, gibt es hier etliche große Wohnkomplexe – eigentlich ungewöhnlich für L.A. Grund dafür ist auch die Nähe der **University of California at Los Angeles (UCLA)** mit parkähnlichem, weitläufigem Campus. An der Ecke Wilshire/Westwood Blvd. bietet das zur Uni gehörende **Hammer Museum** (s. S. 58) eine hochkarätige Sammlung moderner Kunst und spannende Wechselausstellungen. Auf dem Campus liegt das kulturhistorisch interessante **Fowler Museum** (s. S. 58) und der sehenswerte **Franklin D. Murphy Sculpture Garden.** Vor dem südlichen Zugang zum Campus erstreckt sich am Westwood Blvd. das **Westwood Village** mit kleinen Läden, (Studenten-)Cafés und Lokalen.

› UCLA Visitor Information am Campuszugang, Westwood Plaza (Zufahrt im Süden über Wilshire und Westwood Blvd.), www.ucla.edu/visit. Anfahrt: Bus Nr. 20 bis „Wilshire/Westwood", dann Bus 761

Straße mit Ausblick

*Der **Mulholland Drive,** benannt nach dem Ingenieur William Mulholland (1855–1935), der das Wasserversorgungssystem von L.A. entwickelte, wurde 1924 als sich großteils über den Kamm der Santa Monica Mountains dahinschlängelnde Straße eröffnet. Sie diente zunächst der Erschließung der Bergregion als Wohnareal südlich des Hwy. 101 zwischen Cahuenga und Sepulveda Pass. Am Drive liegen heute einige der teuersten Villen der Stadt.*

Der Mulholland Drive wurde durch Filme, Popsongs und sogar Videospiele weltberühmt. Die Fahrt beginnt am Cahuenga Pass (Hwy. 101, Cahuenga Blvd.) im Osten und führt über den Sepulveda Pass (I-405) nach Westen, wo die Straße im Ort Woodland Hills wieder auf den Hwy. 101 stößt.

Unterwegs kommt man an mehreren Aussichtspunkten wie dem Universal City Overlook im San Fernando Valley oder dem Hollywood Bowl Overlook vorbei.

Auf dem berühmten Rodeo Drive prominieren die Reichen und die Schönen.

031la Abb.: mb

32 The Getty Center ★★★ [ag]

Hoch über L.A. thront auf einem Hügel in den Santa Monica Mountains auf fast 300 m Höhe das Getty Center. Stararchitekt Richard Meier hat hier eine strahlendweiße Kunstkathedrale geschaffen, die ihresgleichen sucht. Allein der sich bietende Ausblick ist spektakulär, dazu kommen eine vielseitige Kunstsammlung und aufsehenerregende Wechselausstellungen.

Das Getty Center ist mit Sicherheit eines der wohlhabendsten und wichtigsten Kulturinstitute in der Neuen Welt. Hier ist es jedoch v. a. die **Architektur** vom Reißbrett Richard Meiers, die die Aufmerksamkeit auf sich zieht. Der weltbekannte Architekt plante einen Komplex, dessen einzelne Bauteile durch Übergänge, Treppen und Terrassen sowie durch prächtige Gartenanlagen miteinander verbunden sind. Raumbezüge, Durchblicke, luftig-helle Räumlichkeiten sowie Material- und Formkontraste haben ein ungewöhnliches Gesamtkunstwerk entstehen lassen, für das das beste Material gerade gut genug war: Allein zur Verkleidung der Fundamente wurden 15.000 t römischer Travertin per Schiff aus Italien herangeschafft. Für die Gestaltung der **Grünanlagen** war der kalifornische Installationskünstler Robert Irwin zuständig. Er entwickelte einzelne Parkräume und ließ Kakteengarten und Wasserläufe, Teiche und Rasenflächen anlegen.

Ist der Smog nicht zu dick, erblickt man in der Ferne schneebedeckte Berge, davor die Skyline von Downtown L.A. und auf der anderen Seite den tiefblauen Pazifik. Der Tram, die Besucher vom Parkplatz nach oben bringt, entstiegen, steht man auf der **Central Plaza** und eine breite Treppe führt zum Hauptzugang. Am anderen

Ende des Platzes steht das Auditorium, ein Saal mit 450 Plätzen, der für Filmvorführungen, Lesungen und Konzerte genutzt wird, rechter Hand befinden sich ein Restaurant und ein Café. Durch den **Entrance Pavilion** mit Infostand und Einführungsfilm gelangt man ins Herz des Komplexes: fünf zweistöckige Pavillons gruppieren sich um einen offenen Hof mit Wasserlauf und Brunnen. Sie werden für Dauer- und Wechselausstellungen genutzt.

Die Kunstsammlung bietet einen umfassenden **Überblick vom Mittelalter bis zur Moderne** und präsentiert verschiedene Genres aus aller Welt. Gezeigt werden u.a. wertvolle Handschriften aus Mittelalter und früher Neuzeit sowie amerikanische und europäische Fotografien des 19. Jh. Die Kunstbibliothek mit 840.000 Bänden gilt als eine der größten der Welt und kann von Besuchern kostenlos genutzt werden. Der Schwerpunkt des Museums liegt auf **europäischer Malerei** und **Kunstgewerbe von etwa 1600 bis 1800**, aber auch **Manuskripte, Skulpturen** und **Zeichnungen** gehören dazu. Highlights sind Werke von Mantegna, Rembrand, van Gogh, Monet, Renoir, Cézanne, Michelangelo oder Raphael. Es gibt Miniaturen aus dem Mittelalter, Skulpturen von Bernini, Houdon oder Canova. In 14 Galerien sind französische Möbel und Kunstgewerbe zu sehen, darunter vier komplett nachgebaute Räume aus dem 18. Jh.

Vorbei am auffälligen Rundbau des Research Institute geht es zum **Central Garden**, an dem auch das Garden Terrace Cafe liegt. Verschiedene Gartenteile gruppieren sich terrassenartig um ein rundes Becken, zu dem ein Zickzackpfad entlang einem Wasserlauf führt – ein „living piece of art“, mit kühnen Schwüngen und Kurven in interessantem Kontrast zum rechtwinkligen Baukomplex stehend. Hier kann man nach dem Kunstgenuss eine Pause einlegen, sogar auf den makellos gepflegten Rasenflächen!

Zum weitläufigen Komplex gehört auch der **Getty Trust**, der sich in die Abteilungen Museum, Research, Foundation und Conservation Institute gliedert. Mit einem Jahresetat von etwa $ 8 Mrd. werden nicht nur die beiden Museen, Getty Center und Getty Villa, finanziert, sondern auch Stipendien an Fachleute vergeben. Weltweit wird der Kunstunterricht mit Büchern, Material und theoretischer Hilfe gefördert und es werden immense Summen für Erhalt und Rettung bedrohter Kunst- und Bauwerke auf allen Erdteilen ausgegeben. Das Getty Center zieht jährlich um die 1,6 Mio. Besucher an, und das macht es neben Universal Studios zur Hauptattraktion der Stadt.

› 1200 Getty Center Dr., www.getty.edu, tgl. außer Mo. 10–17.30, Sa. bis 21 Uhr, Eintritt frei, Parkgebühr $ 15. Café und empfehlenswertes **Restaurant at the Getty** (Tel. 310 4406810) mit kreativen, exquisit zubereiteten Gerichten, dazu toller Ausblick sowie attraktiver Museumsladen. Anfahrt: San Diego Freeway (I-405) bis „Getty Center Drive Exit“, der direkt zum Parkhaus führt. Oberhalb, in einem Park mit Skulpturen, liegt die Haltestelle der Magnetbahn, die Besucher zum Museum auf dem Hügel bringt. Zu Fuß sind es rund 15 Min. Mit öffentlichen Verkehrsmitteln ist die Anfahrt sehr umständlich und zeitaufwendig.

‹ Außen wie innen sehenswert: das Getty Center 32

Beach Cities

Beach Babes und Boys, Surfen und Bodybuilding – wo anders als an den Stränden von L.A. hätte dieser Mythos entstehen können? Den ganzen Tag, die ganze Nacht, ja das ganze Jahr über scheint hier Ferienstimmung zu herrschen. Mit unbeschwertem Hedonismus präsentieren die Schönen der Stadt ihre sonnengebräunten Körper und genießen Sonne, Meer und Dolce Vita.

Strandkultur pur entlang einem rund 130 km langen Sandstreifen – an der Los Angeles vorgelagerten Küste reiht sich zwischen Redondo Beach und Malibu ein Strand an den anderen. Man gibt sich mondän und praktiziert selbstbewusst den südkalifornischen **way of live** mit Fitness, Körperkult und Wassersport aller Art. Am Strand gehen Musiker und Künstler, Händler und Aussteiger, Jogger, Surfer und Skater, flotte Girls und muskelbepackte Sonnyboys eine friedliche Koexistenz ein.

⌃ Die Getty Villa 33 bei Malibu lädt zum Eintauchen in die römische Antike ein

Hauptverkehrsachse an der Küste ist der legendäre **Highway 1** (Pacific Coast Highway), von dem aus man immer wieder ans Wasser gelangt. Auf den ersten Blick wirken die Beaches gleichförmig und langweilig, doch in Wahrheit hat jeder Abschnitt seine Besonderheiten.

33 The Getty Villa ★★★ [ag]

Hoch über dem Pazifik gelegen, versteckt sich zwischen den mondänen Küstenortschaften Malibu und Pacific Palisades eine der ungewöhnlichsten Bauten der Stadt: die Getty Villa. Man traut seinen Augen kaum: Hier an der US-Westküste steht eine antike römische Villa, und sie passt sogar in die Landschaft.

Das nahe Meer und die üppige Flora erinnern durchaus an den Golf von Neapel, wo zu Füßen des Vesuvs, in Herculaneum, einst die **Villa dei Papiri** stand. Sie war im Jahr 70 n. Chr. beim Ausbruch des Vesuvs verschüttet und 1750 ausgegraben worden. Der schwerreiche Öl-Tycoon J. Paul Getty (1892–1976) besuchte auf einer Reise die Ruinen der Villa und ließ sich in den 1970er-Jahren zu einem **Nachbau** inspirieren. Die einst dem Schwiegervater Julius Caesars gehörende Sommerresidenz passte perfekt in die subtropische Landschaft am Pazifik.

Die Getty Villa ist wie das Getty Center 32 Teil des Getty Trust. Solange das Getty Center noch nicht existierte, fungierte die Villa als Kunst- und Antikenmuseum in einem, seit ihrer Wiedereröffnung im Jahr 2006 wird ausschließlich die hochkarätige **Antikensammlung** präsentiert. Der ursprüngliche Bau wurde von SPF:architects und Machado & Silvetti **renoviert** und um mehrere Bauten wie das Conservation Institute, den Zugangsbereich, die Open-Air-Bühne, einen Buchladen und ein Café **ergänzt.** Auch die herrlichen, nach antiken Vorbildern gestalteten **Gartenanlagen** und Innenhöfen wurde „aufpoliert".

Heute konzentriert sich die Villa passenderweise ganz auf **antike Kunst und Kultur** und Besucher können auf Zeitreise in die römische Antike gehen. Mögen auch Kritiker angesichts des nie vollständig ausgegrabenen oder dokumentierten Originalbaus die Authentizität von Gettys Auftragsarbeit anzweifeln, ist es ihm doch gelungen, ein Stück antike Architektur über den Teich zu holen. Auch die Lage und die **Ausstattung** mit Wandmalereien und Skulpturenschmuck, Höfen und Gartenanlagen, Brunnen und Mosaiken passen perfekt. Durch ein Atrium (Innenhof) gelangt man in die jetzt luftig und hell wirkenden Räume, die sich auch um das innere und das größe-

EXTRATIPP

Heimat in der Fremde

Die Getty Villa gehört offiziell nicht zu Malibu, sondern zu **Pacific Palisades,** einem malerischen Nobelwohnort, dessen kleines Stadtzentrum sich am westlichen Ende des Sunset Boulevard ausbreitet. „The Village" wurde während des Zweiten Weltkrieges als Heimat berühmter deutscher Emigranten wie **Thomas Mann** und **Lion Feuchtwanger** weltberühmt. Die einstige Residenz von Lion und Marta Feuchtwanger, die **Villa Aurora,** fungiert seit 1995 als Künstlerresidenz und Veranstaltungszentrum, das Thomas-Mann-Haus wurde 2016 von der deutschen Bundesregierung vor dem Abriss gerettet und gekauft. Im Juni 2018 erfolgte die Neueröffnung als Begegnungsstätte und Wohnsitz für fünf Stipendiaten.

Das benachbarte **Malibu** gibt sich ähnlich abgeschottet. Bekannt ist der Ort seit den 1920er-Jahren als Seebad der Reichen und bis heute strahlt er eine gediegene Atmosphäre aus. Der 1905 errichtete **Malibu Pier** ist ein idealer Platz, um einen ereignisreichen Tag mit einem Sonnenuntergang über dem Pazifik zu beenden. Berühmt ist der Pier auch wegen seiner Lage neben dem **Surfrider Beach,** Treff der besten Surfer aus aller Welt. Am Strand ist das **Historic Adamson House** sehenswert, das 1929 im mediterranen Stil erbaut wurde.

★15 **Villa Aurora,** 520 Paseo Miramar, Pacific Palisades, www.vatmh.org (auch zum Thomas-Mann-Haus)

★16 **Malibu Pier,** 23000 Pacific Coast Highway (Hwy. 1), Malibu

★17 **Historic Adamson House,** 23200 Pacific Coast Hwy., www.adamsonhouse.org, mit Malibu Lagoon Museum zur Stadtgeschichte, Mo.–Sa. 11–14 Uhr, nur Touren, $ 7

› Anfahrt: Bus Nr. 534 (aus Santa Monica)

re äußere Peristyl, einen von Säulen umgebenen lang gestreckten Innenhof, gruppieren. Zur Dauerausstellung kommen immer wieder interessante Wechselausstellungen zu Themen der Antike und vergangenen Kulturen, dazu gibt es ein Open-Air-Theater.

› 17985 Pacific Coast Hwy., Pacific Palisades, Mi.–Mo. 10–17 Uhr, Eintritt frei, vorherige Anmeldung unter www.getty.edu/visit nötig, um ein zeitgebundenes Ticket zu reservieren. Mit Café at the Getty Villa (Mi.–Mo. 11–15/16 Uhr), wo mediterran angehauchte kleine Gerichte wie Suppen, Salate, Pizza und Panini serviert werden. Anfahrt: Zufahrt zur Parkgarage ($ 15) am Pacific Coast Hwy. (Hwy. 1) ausgeschildert. Die Anfahrt mit öffentlichen Verkehrsmitteln ist möglich, jedoch zeitaufwendig: Bus Nr. 720 von Downtown (7th/Metro Ct.) bis Santa Monica (Ocean Ave./Santa Monica Blvd.), dann Nr. 534 bis „Getty Villa/Coastline Drive". Von Hollywood (Sunset Blvd.) fährt Bus Nr. 2 zum Pacific Coast Highway in Pacific Palisades, von hier nimmt man für das letzte kurze Stück ebenfalls Bus 534.

34 Santa Monica ★★★ [ah]

Am westlichen Endpunkt der legendären Route 66 gelegen, ist Santa Monica das Zentrum des Fremdenverkehrs an der Küste von Greater L.A. Die strahlend weißen und feinsandigen Strände, der Pier und die nette Innenstadt sind seit Langem beliebtes Ziel gestresster Großstädter und Urlauber.

Die „Karriere" des über 5 km langen Sandstrands von **Santa Monica** begann vor über 100 Jahren als beliebtes Wochenendziel der Angelenos. Als Ende der 1880er-Jahre die Santa Fe Railroad das Hafenstädtchen erreichte und Erholungssuchende in Scharen herbrachte, entstand eine touristische Infrastruktur. Die Bedeutung wuchs noch, als Santa Monica Endpunkt der Route 66 wurde, die seit 1926 Chicago und Los Angeles verbindet.

Aus jüngerer Zeit stammt die **Third Street Promenade**, eine Fußgängerzone mit Läden, Cafés und Lokalen, Kinos, Bars und Klubs. Von hier sind es nur wenige Schritte zum **Santa Monica Pier.** Von den einst zahlreichen Piers entlang dem Strand ist nur dieser eine erhalten, bestehend aus dem 1909 erbauten Municipal Pier und dem Pleasure Pier von 1911. Er fungiert als Mittelpunkt des Strandtrubels und als „Promeniermeile". Neben Restaurants und Pubs – darunter Santa Monica Pier Seafood –, Läden und Ständen, Achterbahn und Riesenrad, strahlt das „Hippodrom", ein Karussell mit 56 Holzpferden, den Charme der 1920er-Jahre aus.

› Ocean Ave., Parken $ 10, Eintritt zum Pier frei, die *action rides* (Fahrgeschäfte) kosten separat, www.santamonica.com

EXTRAINFO

Santa Monica mobil

Santa Monica ist, zumindest was Zentrum und Strand angeht, eine Stadt für Fußgänger und Radler. Unter anderem unterhält Metro Bike Share (s. S. 115) hier mehrere Ausleihstationen. In der Stadt verkehrt der Big Blue Bus (http://bigbluebus.com, z. B. Rte. 1 oder 41). Santa Monica ist seit ein paar Jahren durch die Metro Expo Line (www.metro.net) perfekt an Downtown L.A. angebunden.

Infos & Sights

ℹ 18 [Seite 43] **Santa Monica Visitor Center,** 2427 Main St., Tel. 1 800 5445319, www.santamonica.com, Mo.–Fr. 9–17.30, Sa./So. 9–17 Uhr. Außer-

Santa Monica
1cm = 400 m
0
800 m
© Reise Know-How 2019
Montana
Ave
172
Ocean
Ave
4 th
St
Wilshire Montana
Lincoln
Blvd
14 th
St
20 th
St
Christine Emerson Reed Pk
Wilshire
Blvd
Wilshire
Blvd
Mid-City
Pacific
Coast
Highway
259
Santa Monica State Beach
201
Santa Monica
Santa
Monica
Blvd
Cloverfield
Blvd
139
111
167
263
Downtown
20
Memorial Park
Olympic
Blvd
Santa
Monica
Freeway
10
Santa Monica Pier
34
262
110
Pico
Blvd
217
18
Woodlawn Cemetary
Pico
Blvd
Virginia Ave Park
Nelson
Way
Dorothy Green Park
Ocean
Park
Blvd
Ocean Park
Sunpark
23rd
St
Ocean View Park
82
Santa Monica Airport
Penmar Golf Course
Rose
Ave
Rose
Ave
19
264
Venice Beach Park
Abbot
Kinney
Blvd
22
21
23
260
Venice
Walgrove
Ave
N Venice Blvd
S Venice Blvd
35
Venice
Blvd
221
Venice Fishing Pier
261
Washington
Blvd

dem Infokioske im Palisades Park (1400 Ocean Ave.), am Santa Monica Pier und an der 3rd St. Promenade.

19 [Seite 43] **Museum of Flying,** 3100 Airport Ave., www.museumofflying.org, Fr.–So. 10–17 Uhr, $ 10. Museum zur Douglas Aircraft Company, der Geschichte des Santa Monica Airport und der California Aviation Hall of Fame.

Gastronomie und Shopping

20 [Seite 43] **18th Street Coffee House,** 1725 Broadway/18th St. Beliebtes Café, das v. a. samstags von *Locals* und Intellektuellen frequentiert wird.

35 Venice Beach ★★ [ah]

Venice Beach gehört mit mehr als 5 Mio. Besuchern jährlich zu den beliebtesten Zielen im Großraum L.A. Der Name war Programm: Zu Beginn des 20. Jh. war ein gewisser **Abbot Kinney** von der Lagunenstadt so begeistert gewesen, dass er sie in Kalifornien nachbauen wollte und dafür 26 km an Kanälen und Brücken anlegen, Gondeln importieren und zur Eröffnung die damals berühmte Künstlerin Sarah Bernhardt auftreten ließ.

Ein neues Venedig am Pazifik war entstanden, allerdings blieb der erhoffte Immobilienboom aus und der Aufschwung der Ölindustrie hatte **Wasserverschmutzung** und die Entstehung hässlicher **Industrieanlagen** zur Folge. Kaliforniens Venedig geriet in Vergessenheit und die Kanäle wurden ab 1929 wieder nach und nach zubetoniert. Ein Revival erlebte Venice in den 1950er-Jahren als **Künstler- und Dichterkolonie** sowie als Zentrum der **Beatniks,** in den späten 1960er-Jahren dann als Rückzugsgebiet der **Hippies** und in den 1970er-Jahren kreierten hier die Eagles und Jackson Browne den **„West Coast Sound".** Ein Teil der alten **Kanäle** wurde wieder freigelegt und sie bieten auf einem Spaziergang von der Kreuzung Washington Ave. und Venice Blvd. fotogene Motive.

„Not exactly Italy, but very California" – so präsentiert sich Venice heute und lebt in erster Linie vom Glanz vergangener Tage. Zwar pulsiert am Strand rund um die Uhr das Leben, es tummeln sich Händler, Sonnenanbeter, Surfer, Skater und Biker, Aussteiger und Künstler, doch das gesamte Drumherum ist deutlich in die Jahre gekommen. In den Hinterhöfen und Seitenstraßen bröckelt der Putz und selbst entlang der Promenade wirken viele Verkaufsbuden mittlerweile ziemlich baufällig.

Venice Beach mit seinem Pier und dem Sandstrand wird zur Stadtseite hin vom 3 km langen **Venice Boardwalk** begrenzt, einer beliebten Fuß-

070la Abb.: mb

West Coast Sound

Dieser Musikstil, auch „Southern California Rock“ genannt, ist untrennbar mit einem Namen verbunden: den ***Eagles.*** *Sie waren es, die erstmals West Coast Rock auf höchstem Niveau boten, eine Fusion aus Rock-, Pop- und Country-Elementen basierend auf handwerklichem Können.* ***Crosby, Stills, Nash, and Young,*** *die* ***Doobie Brothers*** *oder* ***Jackson Browne*** *trugen ebenfalls dazu bei, dass West Coast Sound weltbekannt wurde, wohingegen die* ***Beach Boys*** *eher dem sanfteren „Surf Sound“ verbunden waren als hartem Rock.*

Dass der West Coast Sound fortlebt, belegten die Eagles. Zwischen 1972 und 1979 brachten sie Alben wie „Eagles“ (1972), „Desperado“ (1973), „Hotel California“ (1976) oder „The Long Run“ (1979) auf den Markt, um sich anschließend zu trennen. 1994 kam es zur Reunion und 2007 gelang ihnen mit „Long Road out of Eden“ ein Comeback. 2016 verstarb mit Glenn Frey einer der Gründer der Band.

Ähnlich omnipräsent ist ***Jackson Browne,*** *der seit 1972 konstant Alben veröffentlicht und als Songwriter für viele Stars tätig ist. Aber auch als Umweltschützer hat sich der 1948 in Heidelberg geborene Browne einen Namen gemacht.*

Die moderne Version des West Coast Sound verkörpern die ***Eels*** *um Mark Oliver Everett. Sie veröffentlichten das erste Album zwar schon 1996, aber erst in den letzten Jahren wurden sie in der Indie-Szene berühmt und treten auch hierzulande immer wieder auf.*

Weniger bekannt, doch vor Ort sehr gefragt, sind mexikanische Musikrichtungen wie ***Corrido*** *(Balladen),* ***Ranchera*** *(Volksmusik mit einem Musiker),* ***Mariachi*** *(mit Band) oder* ***Bolero.*** *Die wohl legendärste mexikanisch-beeinflusste Band aus L.A. ist* ***Los Lobos,*** *die seit Jahrzehnten mexikanische Volkmusikrichtungen mit Bluegrass, Folk, Blues und Hip-Hop verschmelzen lässt.*

gängerpromenade. Hier gilt das Motto „sehen und gesehen werden“ und das stadtbekannte Original, der Musiker und Skater Harry Perry, ist seit Jahrzehnten hier unterwegs. Im unveränderlich-verrückten Outfit, mit Rastalocken und bunter Gitarre fährt er auf Rollschuhen den Boardwalk entlang. Beliebter Treff ist der **Muscle Beach,** wo auch der ehemalige Gouverneur, Arnold Schwarzenegger, seine Karriere als Bodybuilder begann. Der **Venice Beach Skate Park** am Nordende der Strandpromenade ersetzt auf rund 1500 m² Fläche den legendären „Venice Pit“, wo z. B. Skate-Legende Jesse Martinez seine Karriere begann.

Gastronomie und Shopping in Venice Beach

21 [Seite 43] **Hal's Bar & Grill** $-$$, 1025 Abbot Kinney Blvd., Venice. Spezialität sind die Burger, aber auch Lachs oder Ente lohnen. Günstige Mittagsmenüs.

› **High Rooftop Lounge,** auf dem Dach des Hotel Erwin (s. S. 122). Gute Cocktails und Häppchen, aber v. a. wegen des Ausblicks über Strand und Meer beliebt, gerade bei Sonnenuntergang.

Blick auf Venice Beach vom Hotel Erwin (s. S. 122)

22 [Seite 43] **Otherroom,** 1201 Abbot Kinney Blvd. Weinbar, ideal zum Erholen und Unterhalten.

23 [Seite 43] **Small World Books,** 1407 Ocean Front Walk/Horizon Ave., www.smallworldbooks.com. Unabhängiger Buchladen am Venice Boardwalk mit breitem Spektrum.

Anfahrt nach Venice Beach

Die **Buslinien** Nr. 33 und 733 verbinden Downtown L.A. mit Venice bzw. Venice Beach. Alternativ fährt man mit der Metro Expo Line bis Santa Monica und nimmt dort Bus Nr. 1 (www.bigbluebus.com). **Autofahrer** sollten an den Stichstraßen, die von der Pacific Avenue zur Oceanfront führen, parken (Parkuhren, ca. $ 1/Std.). Die großen Parkplätze am Strand sind teurer (ca. $ 10 bis $ 15 pauschal).

36 Long Beach ★★ [el]

Das unter der Bezeichnung **Port of Los Angeles** bekannte Areal im Süden der Stadt ist der mit Abstand größte Hafen, nicht nur an der amerikanischen Westküste, sondern auf dem gesamten Kontinent. Er ist für die wirtschaftliche Rolle der Stadt als Im- und Exportzentrum von entscheidender Bedeutung. Rund 45 km Kailänge und über 4000 Container- und Kreuzfahrtschiffe im Jahr machten **Long Beach** mit seiner halben Million Einwohner daher in erster Linie als Hafenstadt bekannt. Dabei gibt es hier mehr zu sehen als nur Hafen- und Industrieanlagen: z.B. die Queen Mary, ein Aquarium und ein Kunstmuseum.

Erste Anlaufstation sollte die *ocean front* (Queens Way/Shoreline Dr.) mit dem **Shoreline Village**, dem Nachbau eines kleinen Hafenorts mit Läden, Lokalen und Schiffsanlegestellen (Bootsausflüge) sein. Die Hauptachse von Downtown Long Beach ist die **Pine Avenue**, die von der *ocean front* ins Zentrum führt, das von ein paar Hochhäusern markiert wird. Östlich davon breitet sich **East Village**, ein Künstlerviertel mit Galerien und Cafés, aus. Im benachbarten **4th Street District**, einem Hispano-Viertel, steht das Museum of Latin American Art.

24 [el] **Shoreline Village,** Shoreline Village Dr. (östlich des Aquarium of the Pacific), www.shorelinevillage.com. Shops und Lokale, Fahrradverleih und Bootsausflüge (www.pacificsailing.net).

Weithin sichtbar liegt am jenseitigen Kanalufer das einstige Luxuspassagierschiff **Queen Mary** vor Anker. Als die Queen Mary im Jahre 1936 vom Stapel lief, galt sie als größter und schnellster Passagierdampfer der Welt. Mit der Flaute des transatlantischen Schiffsverkehrs wegen der Zunahme der Flugverbindungen schlug auch für die Queen Mary die letzte Stunde und sie ging 1967 in Long Beach in den „Ruhestand", wurde in ihren eleganten Ursprungszustand zurückversetzt und als Hotel mit Restaurant eröffnet.

25 [el] **Queen Mary,** 1126 Queens Hwy., tgl. 11–18 Uhr, Parken $ 18, verschiedene Ticketversionen sowie Audiotour auf eigene Faust, Details zu Touren und Preisen: www.queenmary.com/visit

An der *ocean front* wird im unübersehbaren **Aquarium of the Pacific** in mehreren Abteilungen anschaulich Flora und Fauna in Südkalifornien und der Baja California, im Nordpazifik und im Tropischen Pazifik vor Augen geführt. Ein empfehlenswertes, preisgünstiges Selbstbedienungsrestaurant (Cafe Scuba) und ein großer Laden könnten den Besuch angenehm abschließen.

0331a Abb.: mb

M26 [el] **Aquarium of the Pacific,** 100 Aquarium Way, www.aquariumofpacific.org, tgl. 9–18 Uhr, $ 29,95 Basispreis, Touren und Filme extra

In einem architektonisch attraktiven Bau gibt das **Museum of Latin American Art (MoLAA)** einen perfekten Überblick über die gesamte, moderne lateinamerikanische Kunst und ist diesbezüglich einzigartig. Zum Komplex gehören Unterrichtsräume, eine Forschungsbibliothek, ein Filmstudio und ein Skulpturengarten mit modernen Kunstwerken und Kakteen. Angrenzend werden im Viva Café mit Freiplätzen passende Spezialitäten serviert und der Museumsladen bietet ein gutes Angebot an Kunsthandwerk und Schmuck aus Lateinamerika.

M27 [ek] **Museum of Latin American Art (MoLAA),** 628 Alamitos Ave./E 6th, www.molaa.org, Mi./Fr.–So. 11–17, Do. 11–21 Uhr, $ 10

› Metro Rail – Blue Line, bis Oceanfront „1st St./Long Beach Transit Mall"

Ein wenig bekanntes Museums-highlight in Long Beach: das MoLAA

The Valleys

Die sogenannten Valleys, die Täler in den Santa Monica und San Gabriel Mountains nördlich der Stadt, waren einst bevölkert von wilden Tieren, Rindern und „Vaqueros", mexikanischen Cowboys. Heute gelten die Städte und Täler in den umliegenden Bergen als beliebte – und teure – Wohnadressen.

37 Griffith Park und Observatory ★★ [df]

Keine amerikanische Großstadt ist ohne Park: Der mit Picknick-, Tennis-, Golf- und sonstigen Sportplätzen gespickte und von Reit-, Rad- und Wanderpfaden durchzogene Griffith Park zählt zu den größten städtischen Grünanlagen in den USA. Der rund 16 km² große Park war 1896 der Stadt von dem Zeitungsbesitzer Griffith J. Griffith geschenkt worden und ist heute Freizeitoase und Spielwiese der Angelenos. Hier befindet sich auch der **L.A. Zoo** (s. S. 112).

Erste Anlaufstation sollte das **Griffith Observatory** aus dem Jahre 1930 sein. Es liegt nahe dem **Greek Theatre** (s. S. 75) und lohnt nicht nur wegen Hall of Science, Planetarium und Laserium, sondern v. a. wegen des atemberaubenden – und kostenlosen – Ausblicks von der Terrasse. Bei klarer Sicht, besonders bei Sonnenuntergang oder in einer sternenklaren Nacht, kann man von hier die Ausdehnung der Stadt voll erfassen.

Über mehrere Serpentinen gelangt man zu dem großen Parkplatz vor dem weißen Kuppelbau, der an der Front durch das Astronomers Monument markiert ist. Das Observatorium beherbergt das große **Samuel Oschin Planetarium** mit einem Vorführraum für 600 Zuschauer und täglich mehrere Shows (derzeit drei verschiedene für drei bis fünf Dollar), außerdem das **Leonard Nimoy Event Horizon Theater** (200 Sitze, Filme und Demonstrationen). Besonders beliebt ist seit 1935 das riesige **Zeiss-Doppelteleskop** in der Ostkuppel des Baukomplexes. In klaren Nächten steht das Teleskop gratis zur Sternbeobachtung zur Verfügung.

In mehreren Sälen des Baus sind verschiedene Ausstellungen zu sehen, z. B. geht es in der **Ahmanson Hall of the Sky** um Sonne und Mond, in der Abteilung „Cosmic Connection“ um eine „Timeline“ durch das Universum und in „Gunther Depths of Space“ um Planeten, andere Welten und die Milchstraße.

Auf der nördlichen Seite des Parkplatzes führt ein Wanderweg auf den **Mt. Hollywood.** Er führt vorbei an einem Wegweiser zur Partnerstadt Berlin und einem kleinen Wäldchen namens „Berlin Forest“. Dahinter eröffnet sich ein herrlicher Blick auf die Stadt, das Observatorium und ggf. den Sonnenuntergang. Ebenfalls gut von hier aus zu sehen sind die Hollywood Hills mit Mount Lee und Hollywood Sign (s. S. 25).

› Griffith Park Observatory und Planetarium, 2800 E Observatory Rd., Di.–Fr. 12–22, Sa./So. 10–22 Uhr, Eintritt frei, http://griffithobservatory.org. Mit Puck Café (tolle Aussicht!). Anfahrt: Über Los Feliz Blvd./Vermont Ave. (ausgeschildert „Observatory“) zum großen Parkplatz. Öffentlicher Nahverkehr nur an Wochenenden 10–22 Uhr, LADOT Observatory Shuttle ab Metro-Rail-Station „Vermont/Sunset“ ($ 0,50 plus Metro-Rail-Tickets), auch Hollywood-Sign-Shuttlebus an Wochenenden (gratis).

034la Abb.: LATCB©Arnesen Photography

38 The Autry ★★★ [df]

Der Western wurde in Hollywood „erfunden“ und daher wundert es nicht, dass ausgerechnet hier auch der singende Filmcowboy Gene Autry wohnte und aus seinem Nachlass in L.A. ein sehenswertes Museum über den Wilden Westen entstand.

Gegenüber dem Zoo (s. S. 112) liegt der 2003 eröffnete Komplex von The Autry im Adobe-Baustil, bestehend aus drei Sammlungen: dem **Autry Museum of Western Heritage**, dem **Southwest Museum of the American Indian** – bereits 1907 als erstes Museum der Stadt gegründet und eine Topadresse für indianische Kunst und Kultur – und dem **Women of the West Museum.**

Das Autry Museum beschäftigt sich in acht Abteilungen mit der **Geschichte und Kultur des westlichen Nordamerika,** dem Mythos Wilder Westen, großen Westernfilmen und der Western Art. Exponate von der indianischen Frühgeschichte bis zum 20. Jh., das Wells Fargo Theater (Sonderaufführungen und Filme) und Ausstellungen, ein großer Laden und das Crossroads West Café gehören dazu.

Die Besichtigung beginnt im Untergeschoss. Hier befindet sich ein umlaufendes Wandbild (1988), das unter dem Motto „Discovery – Opportunity – Conquest – Community – Cowboy – Romance – Imagination" eine Einführung ins Thema gibt. Man entdeckt auf dem Gemälde interessante Details aus der Geschichte oder **bekannte Gesichter** wie Buffalo Bill, Sitting Bull, Billy the Kid, Tom Mix, Clint Eastwood, James Arness (Matt Dillon aus „Rauchende Colts"), John Wayne und Gene Autry. In den Abteilungen ringsum wird die **Geschichte des Westens** unter verschiedenen Gesichtspunkten mit viel Multimedia und zahlreichen Originalen, wie einer alten Bar aus Montana, erläutert. Die Abteilung über *Cattle Ranching* (Rinderzucht) leitet über zum Mythos „Cowboy und Rodeo". Am Ende steht die **Rolle des Westens in Literatur und Film,** mit einem 1:1-Nachbau einer Westernstadt als Filmkulisse. Radio- und Filmgeschichte wird anhand von Originalen und Filmausschnitten vorgestellt.

Das Obergeschoss steht ganz im Zeichen der **bildenden Kunst** – „Western Art" mit großartigen Gemälden und Skulpturen von Bierstadt, Moran, Remington oder Russell.

› 4700 Western Heritage Way/Griffith Park, www.theautry.org, Di.–Fr. 10–16, Sa./So. 10–17 Uhr, $ 14. Anfahrt: Großer (kostenloser) Parkplatz direkt am Museumskomplex. Öffentlicher Nahverkehr: Bus 96 bis „L.A. Zoo". Im früheren Gebäude des Historic Southwest Museum werden heute Wechselausstellungen gezeigt (Sa. 10–16 Uhr, https://theautry.org/visit/mt-washington-campus).

KURZ & KNAPP

Gene Autry

Gene Autry (1907–1998) war ein waschechter **Texaner,** der in den 1940er- und 1950er-Jahren zum legendären **Countrysänger** und **Filmstar** aufstieg. Ihm sind auf dem Walk of Fame als einzigem Künstler Sterne in allen fünf Kategorien (Film, TV, Theater, Musik und Radio) gewidmet. Der musikalische Durchbruch war ihm 1931 gelungen, doch als Schauspieler bekannt wurde er erst ab 1934 mit Western, in denen er den „Singing Cowboy" spielte. In „In Old Santa Fe" trat Autry erstmals als Schauspieler auf, es folgten zahlreiche weitere Filme. Sein berühmtester Song war „Rudolph, the Red-Nosed Reindeer" (1949), von dem über 9 Mio. Exemplare verkauft wurden, und sein größter TV-Erfolg „The Gene Autry Show", von der zwischen 1950 und 1955 91 Folgen liefen. Gene Autry starb am 2. Oktober 1998 im Alter von 91 Jahren in Los Angeles. 1953 hatte er die **Melody Ranch** bei L.A. erworben, die als Filmstudio fungiert (Infos zu Touren: www.melodyranchstudio.com) und 1988 rief er das Museum ins Leben.

Das Griffith Observatory (37) *ist ideal zum Sternegucken oder um den Ausblick zu genießen*

39 Old Pasadena ★★ [ef]

Die Valleys gelten heute als beliebte (und teure) Wohnadresse. Das am Fuße der San Gabriel Mountains gelegene Pasadena ist zusammen mit dem sich südlich anschließenden San Marino einen Ausflug wert. Weithin bekannt wegen seiner Parkanlagen und Gärten, trägt Pasadena auch den Namen **City of Roses.** Am Neujahrstag findet hier die berühmte **Rosenparade** (s. S. 84) statt – ein Blumenkorso mit Festwagen, der landesweit im Fernsehen übertragen wird – und anschließend das College-Football-Pokalspiel um die **Rose Bowl**, eine Meisterschale.

Old Pasadena um die Hauptachse Colorado Boulevard wurde schon 1873 von Siedlern aus Indiana gegründet, erhielt 1886 den Stadtstatus und wurde mit Anschluss an die Eisenbahn ein beliebter Erholungsort. Der seit den 1970er-Jahren revitalisierte Ort hat sich dank CalTech zu einer lebhaften Unistadt mit gut 200 Cafés, Restaurants, Pubs mit Livemusik, Kinos, Kunstgalerien und Läden gemausert. Einen guten Überblick mit Kostproben erhält man während einer Melting Pot Food Tour (s. S. 117). Die Architektur der älteren Gebäude zeigt spanisch-mexikanische Einflüsse, beispielsweise die City Hall (100 N Garfield Ave.) von 1927.

Zu den kulturellen Highlights gehört das von Frank Gehry renovierte **Norton Simon Museum.** Die Kunstsammlung, die von Norton Simon (1907–1993) zusammengetragen wurde, umfasst über 12.000 Objekte aus aller Welt – von Europa über Südostasien bis Amerika –, wovon nur jeweils ein Bruchteil gezeigt werden kann. Der Schwerpunkt liegt auf europäischen Kunstwerken vom 14. bis 20. Jh., speziell Impressionisten und Druckgrafiken. Architekturfreunde sollten sich das **Gamble House,** 1908 von den Greene-Brüdern als Prototyp des „Bungalow Style" für David und Mary Gamble (Procter & Gamble) erbaut, nicht entgehen lassen.

★28 [ef] **Gamble House,** 4 Westmoreland Pl., http://gamblehouse.org, Touren Di. 11.30–13.30, Do./Fr. 11.30–16, Sa./So. 12–16 Uhr, $ 15. Anfahrt: Die nächste Metro-Rail-Station (Gold Line „Memorial Park") ist etwa 2 km entfernt, alternativ: Bus 267 ab „Los Robles/Colorado" bis „Orange Grove/Rosemont".

› **Norton Simon Museum** (s. S. 60). Anfahrt: Bus 180/181 (entlang Colorado Blvd. bis „Colorado/Orange Grove").

★29 [ef] **Old Pasadena,** E Colorado Blvd., www.oldpasadena.org. Anfahrt: Metro Rail – Gold Line bis „Memorial Park". Parken: Old Pasadena Park & Walk Garages, 90 Min. gratis. So. 9–14 Uhr: Farmers Market (Holly St./Fair Oaks Ave.).

EXTRATIPP

Silver Lake – Heimat der Hipsters

Zwischen Griffith Park und Pasadena liegt das derzeit angesagte Viertel Silver Lake, Heimat der Bohemians und Hipsters. Hier finden sich neben sehenswerten modernen Wohnbauten (u. a. von R. M. Schindler oder Richard Neutra) auch die Zentren der alternativen Musik-, Kunst- und LGBT-Szene sowie besonders rund um die Kreuzung Sunset und Silver Lake Blvd. ausgefallene Läden und Kneipen und ein Wochenmarkt (3700 Sunset Blvd., Di./Sa.).

› Anfahrt: Busse 2, 4 oder 704

The Huntington hat auch einen vielseitigen Botanischen Garten zu bieten

035la Abb.: mb

★**30** [ef] **Rose Bowl,** 1001 Rose Bowl Dr., www.rosebowlstadium.com, bei Veranstaltungen Shuttle ab Old Pasadena).

31 USC Pacific Asia Museum, 46 N Los Robles Ave., https://pacificasia museum.usc.edu. Asiatische Kunst in sehenswertem Ambiente.

40 Huntington Library, Art Collections, and Botanical Gardens ★★★

The Huntington gehört zu den ungewöhnlichsten, aber bei ausländischen Reisenden eher unbekannten Attraktionen in L.A.: Etliche Stunden kann man sich in ausgedehnten Gartenanlagen ergehen und dabei Pflanzen aus aller Welt und verschiedene Ökosysteme kennenlernen. Kunstfreunde finden ausgezeichnete Sammlungen britischer und amerikanischer Kunst und Bibliophile eine ungewöhnliche Bibliothek.

Das „Huntington", die Huntington Library, Art Collections, and Botanical Gardens, liegt genau genommen nicht in Pasadena, sondern in **San Marino,** Wohnsitz der Millionäre. Henry Huntington hatte sich den Park ab 1903 vom deutschstämmigen Gärtner William Hertrich anlegen lassen. In der 1911 erbauten Villa befindet sich heute eine **bedeutende Sammlung britischer Malerei,** in einem Neubau sind Beispiele **amerikanischer Kunst ab dem 19. Jh.** zu bewundern. Von der über 400.000 Bände umfassenden **Bibliothek,** die in einem eigenen repräsentativen Bau untergebracht ist, werden nicht nur Anglisten wegen der **Original-Handschriften** englischer und amerikanischer Literatur begeistert sein, sondern auch Laien. Immerhin gehört auch eine originale Gutenberg-Bibel zum Bestand.

Höhepunkt ist jedoch der **Botanische Park,** der aus 15 einzelnen Gärten besteht. Im Desert Garden beispielsweise sind mehrere Tausend verschiedene Kakteenarten vereint – er gilt als einzigartig. Daneben gibt es subtropische und australische Abteilungen, einen Rosengarten von 1903 mit über 1000 Sorten, aber auch einen Kräuter-, Palmen- (aus aller Welt), Kamelien- oder Orangengarten. Der große japanische und der chinesische Garten machen den Vergleich zwischen zwei unterschiedlichen Gestaltungsprinzipien möglich. Neben einem *Conservatory,* einem Gewächshaus mit einer Ausstellung über Umwelt und Regenwald, rundet ein ungewöhnlicher Children's Garden – eine Art Lehrpfad für Kinder – den etwa 2 km langen Rundgang ab.

› 1151 Oxford Rd., San Marino, www.huntington.org, im Sommer tgl. außer Di. 10–17 Uhr, $ 25, am Wochenende $ 29, 1. Do. im Monat nach Voranmeldung Eintritt frei. Mit modernem Visitor Center, großem Laden, *Tea Room*, Café 1919 und Patio Grill sowie Freshwater Dumpling & Noodle House. Die Anfahrt mit öffentlichen Nahverkehrsmitteln ist schwierig, da die nächste Bushaltestelle (Bus 267 „Del Mar Blvd. & Allen Ave.") ca. 3 km entfernt liegt.

EXTRATIPP

Sparen mit dem CityPass

Mit dem **Southern California CityPass** kann man aus fünf Hauptattraktionen (Disneyland 41, Universal Studios 23, Legoland, San Diego Zoo oder Safari Park, SeaWorld San Diego) wählen und Einzeltickets mit erheblichem Rabatt online erwerben. Infos und Bestellung unter: http://de.citypass.com/southern-california

Anaheim/ Orange County

Hätte Walt Disney nicht 1955 im Südosten von L.A. Disneyland bauen lassen, würde wohl kaum jemand die inzwischen zehntgrößte Stadt Kaliforniens, Anaheim, kennen. Damals konnte auch noch niemand ahnen, dass der Park zu einer der Hauptattraktionen des Staates werden würde.

Das von den deutschen Weinbauern Charles Kohler und John Frohling im späten 19. Jh. gegründete Anaheim war lange Zeit das Hauptweinanbaugebiet Kaliforniens, ehe Orangenhaine angelegt wurden und für einen neuen Boom sorgten. So wurde 1889 Orange County aus der Wiege gehoben, zu dem heute 34 Städte – darunter Anaheim, Buena Park, Garden Grove oder Santa Ana – gehören. Um die Jahrhundertwende hatten Bahn- und Schiffsverkehr zugenommen und sich aus dem Agrar- allmählich ein Handelszentrum entwickelt. Heute stehen an Stelle duftender Orangenhaine Industrieanlagen, Vergnügungsparks sowie zwei Sportarenen: Edison International Field (Baseball) und Arrowhead Pond (Eishockey).

41 Disneyland ★★★

Seit 1955 leben in Disneyland die Heldenfiguren unserer Kindheit – in einer Kunstwelt, für die zugleich Sehenswürdigkeiten aus aller Welt und ferne Galaxien nachgebaut wurden. Hier begegnen großen und vor allem kleinen Besuchern Mickey Mouse, Goofy und all die anderen Comicfiguren aus Disneys Traumwelt.

Jährlich strömen über 15 Mio. Besucher nach Disneyland, den „happiest place on earth", wie Walt Disney ihn nannte, der sich mit dem Park einen Kindheitstraum erfüllt hatte. Auf die Frage, warum er einen Vergnügungspark baue, antwortete Disney kurz und bündig: „So etwas baue ich nicht, ich lasse ein Disneyland entstehen, den glücklichsten Platz auf Erden."

Der Komplex – als **Disneyland Resort** bezeichnet – ist mehrteilig: Im Norden befindet sich der „alte" **Dis-**

neyland Park, im Süden das 2001 eröffnete **Disney's California Adventure** und zwischen beiden breitet sich **Downtown Disney** aus, ein frei zugängliches Fußgängerareal mit Läden, Restaurants und einem großen Hotel- und Resortkomplex am Westende.

Disneyland

Seit der Eröffnung sind aus bescheidenen 18 mehr als 60 Attraktionen geworden und am besten verschafft man sich zunächst während einer Fahrt mit dem beliebten Eisenbähnchen einen Überblick über das Areal. An den Bahnhof am Eingang schließt sich der Town Square an und hier beginnt die **Main Street USA**, ein fiktiver Nachbau der Hauptstraße einer amerikanischen Kleinstadt um 1900. Hier findet täglich am Spätnachmittag die „Parade of the Stars" statt, zudem gibt es ein kleines Museum, das Walt Disney gewidmet ist, und ein Stehkino, in dem konstant Szenen aus beliebten Cartoons laufen.

Von der **Central Plaza** ausgehend sind die einzelnen Parkareale kreisförmig angelegt: Im **Adventureland** stehen exotische Regionen der Welt wie ein indischer Dschungel oder das „Indiana Jones Adventure" im Mittelpunkt, während der **New Orleans Square** Besucher in die beliebte Südstaatenmetropole entführt. **Critter Country** ist etwas für die Kleineren, die spielerisch in die Welt des Waldes eintauchen können. **Frontierland** widmet sich dem „Wilden Westen" und seinen Pionieren, Cowboys und Indianern. Im Zentrum der Anlage steht jedoch **Fantasyland**, das be-

036la Abb.: mb

Mit Mickey gelang Walt Disney der Durchbruch ...

037la Abb.: mb

... ehe er 1955 den ersten Vergnügungspark eröffnete ...

038la Abb.: mb

... in dessen „Fantasyland" einem ein Schloss vertraut vorkommt

rühmte Märchenland, das man durch das **Sleeping Beauty Castle**, das nachgebildete Schloss Neuschwanstein, betritt. Hier werden Szenen, Figuren und Lieder aus den beliebten Disney-Produktionen wie „Little Mermaid", „Aladdin", „Lion King" oder „Pocahontas" lebendig. Teil davon ist **Mickey's Toontown**, die in Kindergröße reduzierte Heimat von Mickey Mouse und seinen Freunden. Den Abschluss bildet schließlich **Tomorrowland**, das die Zukunft und ferne Planeten zum Thema hat.

In den einzelnen Abteilungen stehen die *rides* (Fahrgeschäfte), v.a. die Achterbahnen im Zentrum. Davor bilden sich oft lange Schlangen, aber auch die zahlreichen Imbisskioske und Souvernirläden sind stets umlagert.

Disney's California Adventure

Topmodern präsentiert sich der California Adventure Park, der 2001 eröffnet und 2012 u.a. um die „Buena Vista Street" und das „Cars Land" erweitert wurde. Viele der Attraktionen hier sind für Erwachsene mindestens ebenso spannend wie für Kinder. Wahrzeichen und beliebter Fotospot des Parks ist das markante Schriftzeichen **CALIFORNIA** am Zugang. Das gut 22 ha große Areal besteht aus drei Großbereichen, die sich an den Eingangsbereich mit einem verkleinerten Nachbau der Golden Gate Bridge anschließen.

Linker Hand befindet sich **Hollywood Land**, der Nachbau des Hollywood Boulevard mit dem Hyperion Theater, in dem die Show „Steps in Time" gespielt wird. Daneben liegt als wohl interessantester Teil **Animation Academy**, wo die Entstehung von Cartoons erläutert wird. Man kann selbst aktiv werden und beispielsweise „seinen" Disney-Charakter suchen oder eine Figurenabfolge für einen Trickfilm kreieren. Besonders beliebt sind etliche Shows zum Mitspielen bzw. Zuschauen, z.B. die Pixar Play Parade.

Rechts des Eingangsbereichs liegt der **Golden State** mit dem Felsmassiv **Grizzly Peak** im Zentrum, das sich bei genauerem Hinsehen als das kalifornische Wappentier, als Grizzly, entpuppt. Um und durch den künstlichen Berg führt der „Grizzly River Run" eine Achterbahn, die zum Teil durch Wasser fährt. Ebenso lohnend ist in einem nachgebauten Flugzeughangar der IMAX-Film „Soarin' Over California". Angeschnallt in Flugsitzen, glaubt man, selbst mit einem Gleitschirm über Kalifornien zu fliegen.

Am südlichen Ende des Parks liegt **Paradise Pier**, Mekka aller Mutigen, mit „King Triton's Carousel", „California Screamin'" – einer Achterbahn, die in 5 Sekunden eine Geschwindigkeit von fast 90 km/h erreicht – und dem Riesenrad „Sun Wheel". „A bug's land" schließlich präsentiert kleinen Gästen die Welt aus der Perspektive eines Käfers. Die Attraktionen wechseln hier ständig, werden „aktualisiert" und an die jeweiligen Film- und Comic-Mode angepasst. Details gibt es auf der Webseite https://disneyland.disney.go.com/attractions.

Downtown Disney

Downtown Disney ist das Bindeglied zwischen beiden Parks und kostet keinen Eintritt. Eine **Monorail-Bahn** (Ticket!) verkehrt zwischen Downtown Disney Station und Disneyland (Tomorrowland). Mehrere **Theme Restaurants** wie Planet Hollywood oder das Rainforest Café sind hier zu finden, außerdem gibt es Entertainment im House of Blues. Der Downtown Disney Marketplace bietet **Shops** aller Art

Walt Disney

__Walt Elias Disney__ wurde am 5. Dezember 1901 als viertes von fünf Kindern in __Chicago__ geboren. Der Vater war ein strenger, religiöser Bauer und Zimmermann, kämpfte konstant mit Geldproblemen und zog mit seiner vielköpfigen Familie mehrmals um. Ungeachtet der turbulenten Zeiten begann Walt schon als kleiner Junge zu zeichnen. Während des Ersten Weltkriegs als Angehöriger des Roten Kreuzes in Frankreich, beschloss er nach seiner Rückkehr, __Illustrator__ zu werden – zu Anfang nicht sonderlich erfolgreich.

Disney zog an die Pazifikküste, wo ihm 1927 mit der Erfindung von __Mickey Mouse__ erster kommerzieller Erfolg beschieden war. Die Figur, neben McDonald's oder Coca Cola __das amerikanische Symbol__ schlechthin, kam von Anfang an beim Publikum an und gehörte bald zum Vorprogramm eines jeden Kinofilms.

Nach und nach dachte sich Disney weitere menschenähnliche Tiere aus. Er stellte Mickey die kokette __Minnie__ zur Seite und im Laufe der Zeit wurden von ihm und seinen Mitarbeitern weitere Figuren wie __Donald Duck__ und __Onkel Dagobert, Daniel Düsentrieb, die Panzerknacker, Pluto__ oder __Goofy__ kreiert.

Außer den bekannten Comicstrip- und Trickfilmgestalten zeichnete Disney auch die Vorlagen für __längere Filme__ wie „Schneewittchen und die sieben Zwerge", der 1935 mit einem Einspielergebnis von $45 Mio. zum Megaerfolg wurde. Daneben interessierte er sich für __Natur und Tierwelt__ und produzierte __Dokumentationen__ wie „Die Wüste lebt" (1953) oder „Wunder der Prärie" (1954) und den Abenteuerfilm „20.000 Meilen unter dem Meer" (1954). Gleichzeitig reizte ihn die Idee, den Menschen mit Vergnügungsparks eine Flucht aus dem Alltagsleben zu ermöglichen. __Disneyland__ wurde am 18. Juli 1955 eröffnet und der sich rasch einstellende Erfolg ermunterte Disney, sein Konzept auf Florida zu übertragen. __Walt Disney World Orlando__ folgte 1971, __EPCOT__ (Experimental Prototype Community of Tomorrow), die Verwirklichung von Disneys lange gehegten Zukunftsvisionen, 1982. Die Vollendung des Florida-Parks erlebte Disney nicht mehr: Am 7. November 1966 wurde der Kettenraucher wegen __Lungenkrebs__ operiert und starb am 15. Dezember desselben Jahres. Disney hat nicht nur eine amerikanische Bilderbuchkarriere hingelegt, sondern auch das Genre des Comic und des Trickfilms vom Stigma der „niederen Unterhaltung" befreit und es gesellschaftsfähig gemacht.

und in **Pleasure Island** gibt es u. a. einen Irish Pub und einen Kinokomplex. Unter den Läden ragt die riesige **World of Disney** auf über 3700 m² Fläche heraus, außerdem das **LEGO Imagination Center.**

› **Disneyland,** 1313 Harbor Blvd./Santa Ana Fwy., Anaheim, die Öffnungszeiten variieren, im Sommer meist tgl. 8–1 Uhr, im Winter meist Mo.–Fr. 10–20, Sa.–So. 8–24 Uhr, die Preise variieren je nach Tag und Dauer des Aufenthalts, Details unter https://disneyland.disney.go.com/tickets.

› Die **Monorail-Bahn** verbindet das Disneyland Hotel (s. S. 122), den Eingangsbereich (außen) und Tomorrowland (innen). Die **Disneyland Railroad** dreht eine große Runde durch Disneyland (innen) und hält an allen Themenbereichen. **Shuttles** fahren vom Eingangsbereich zu den Parkplätzen und den Hotels im Umkreis.

› **Anfahrt und Parken:** Verschiedene Parkhäuser sind ausgeschildert, wobei jenes mit „Theme Parks" das nächstgelegene ist (Gebühr: $ 20). Vom Parkplatz (Nummer merken!) gelangt man mit Shuttles zum Eingang. Mit öffentlichen Verkehrsmitteln ist die Anfahrt zeitaufwendig. Details zum Nahverkehr in Anaheim: https://rideart.org.

42 Knott's Berry Farm ★★

Knott's Berry Farm ist der älteste Vergnügungspark im Raum Anaheim, bezeichnet sich selbst als „America's Original Theme Park" – und ist in der Tat anders. Wie der Name schon sagt, geht der Komplex auf einen landwirtschaftlichen Betrieb, genauer eine Obstplantage, zurück. 1920 hatte Walter Knott begonnen, Boysenbeeren anzubauen und er eröffnete einen Beeren-Verkaufsstand. In den 1930er-Jahren kam eine Hühnerbraterei dazu und Knott kam auf die Idee, seinen Kunden dazu Unterhaltung zu bieten. Aufgrund seines Faibles für den Wilden Westen entstand 1940 zunächst **Ghost Town**, eine Goldgräberstadt mit Originalbauten von 1848. 1966 kam eine Schmalspurbahn hinzu und nach und nach entstand ein Vergnügungspark. 1983 eröffnete das heutige Markenzeichen des Parks, **Camp Snoopy**, und heute pilgern jährlich über 5 Mio. Besucher zu den Attraktionen – Achterbahnen u. a. „Rides", Shows und viele Vergnügungen in fünf großen Bereichen.

Obwohl die Achterbahn „Jaguar", ein Fahrgeschäft namens „Boomerang" und ein Katapult mit dem Namen „HammerHead" für unvergessliche Erlebnisse sorgen, wirkt der Park auf den ersten Blick „harmloser" als Disneyland. Dafür ist er stärker didaktisch und historisch orientiert und versucht, verschiedene Kulturen und Epochen des Westens unter dem Motto „something for everyone on a relaxed basis" zusammenzubringen. Auch hier gibt es ein frei zugängliches Shoppingareal: **Knott's California MarketPlace.** Lohnend für eine kulinarische Pause ist noch heute **Mrs. Knott's Chicken Dinner Restaurant,** das seit 1934 preiswerte Hühnerteile anbietet.

Das Herzstück des Parks ist **Old West Ghost Town,** die seit 1998 eine Holz-Achterbahn namens **GhostRider** quert. Man kann in der Wildweststadt einen Dampfzug besteigen – **Ghost Town & Calico Railroad,** ein Original der Denver & Rio Grande Southern – oder in einer Postkutsche – einem original **Butterfield Stagecoach** – fahren. Goldwaschen, Stunt-Shows und die entsprechenden Läden und Attraktionen gehören ebenfalls dazu. In **Camp Snoopy** dreht sich alles um Charlie Brown, Snoopy und die restlichen „Peanuts". **Fiesta Village** steht synonym für die spanische Vergangenheit Kaliforniens und **Indian Trails** widmet sich dem Leben der Ureinwohner.

Gegenüber dem Park lockt im Sommer der Wasserpark **Knott's Soak City Water Park.** (8039 Beach Blvd, www.knotts.com/play/soak-city) die Besucher an.

› **Knott's Berry Farm,** 8039 Beach Blvd., Buena Park, www.knotts.com, im Winter tgl. 10–18 Uhr, in der Hochsaison bis mind. 20, teils 23 bzw. 1 Uhr, ab $ 82, Parken $ 19 (große Parkplätze direkt am Park)

› **Anfahrt:** Mit öffentlichen Verkehrsmitteln zeitaufwendig. Von Downtown L.A. (ab „5th/Los Angeles St.") fährt der Expressbus 460 bis „La Palma/Beach".

LOS ANGELES ERLEBEN

003la Abb.: mb

Los Angeles für Kunst- und Museumsfreunde

M 32 [f7] **Academy Museum of Motion Pictures,** 6067 Wilshire Blvd., www.academymuseum.org, **Eröffnung im Sommer 2019.** Das „Oscar-Museum" zieht in ein neues Gebäude von Renzo Piano ein und wird auf sechs Etagen Ausstellungen zeigen, ein Kino gehört ebenso dazu. Gezeigt werden Stücke aus der Sammlung der Academy of Motion Picture Arts and Sciences: Dokumente, Fotos, Videos, Poster, Kostüme, Kulissen etc.

M 33 [dh] **California African American Museum,** 600 State Dr./Exposition Park, https://caamuseum.org, Di.-Sa. 10-17, So. 11-17 Uhr, Eintritt frei, Parken: 39th/Figueroa St., $ 12, Metro Expo Line bis „Expo Park/USC". 1977 ins Leben gerufene Sammlung moderner Kunst, historischer Dokumente und Fotos. Die Dauerausstellung heißt „African American Journey West" und dokumentiert den afroamerikanischen Beitrag zur Besiedelung des Westens.

15 [dh] **California ScienCenter.** Großartiges naturwissenschaftliches Museum mit vielen Ausstellungsstücken zum Ausprobieren und Spielen (s. S. 23).

26 [f7] **Craft and Folk Art Museum (CAFAM).** Sehenswerte Wechselausstellungen zu verschiedensten Themen und unterschiedlichsten Kulturen (s. S. 34).

M 34 [B6] **FIDM Museum & Galleries,** 919 S Grand Ave., www.fidmmuseum.org, Di.-Sa. 10-17 Uhr, Eintritt frei, Shop: Mo.-Sa. 10-17 Uhr. Ausstellung des Fashion Institute of Design & Merchandising: Kostüme, Textilien und Accessoires vom 18. Jh. bis heute.

M 35 [bg] **Fowler Museum at UCLA,** North Campus, 308 Charles E. Young Dr. N, www.fowler.ucla.edu, Do.-So. 12-17, Mi. 12-20 Uhr, Eintritt frei. Kulturhistorisches Universitätsmuseum zur Kunst und Kultur von Afrika, Asien, dem Pazifikraum und Amerika.

25 [f7] **George C. Page Museum.** Geologie und Fossilien der Region, mit La Brea Tar Pits im Hancock Park (s. S. 34).

13 [A7] **GRAMMY Museum at L.A. LIVE.** Alles über Geschichte und Gewinner des legendären Musikpreises, mit kleiner Konzertbühne (s. S. 21).

M 36 [h2] **Guinness World of Records Museum,** 6764 Hollywood Blvd., www.guinnessmuseumhollywood.com, So.-Do. 10-24, Fr./Sa. bis 1 Uhr, $ 21. Rekorde über Rekorde ...

M 37 [bg] **Hammer Museum,** 10899 Wilshire Blvd., www.hammer.ucla.edu, Di.-Fr. 11-20, Sa./So. 11-17 Uhr, Eintritt frei. Mit UCLA Grunwald Center for the Graphic Arts, einer Sammlung zeitgenössischer Kunst der Armand Hammer Collection, Murphy Sculpture Garden und Daumier-Sammlung. Hervorragender *bookstore* und Café.

19 [h2] **Hollywood Museum.** Alles zur Unterhaltungsindustrie und ihren bekanntesten Filmen. Ein Muss für Filmfreunde (s. S. 28).

M 38 [h2] **Hollywood Wax Museum,** 6767 Hollywood Blvd, tgl. 10-24 Uhr, $ 22,99, www.hollywoodwaxmuseum.com. Filmstars in Wachs.

Vorseite: Der Sonnenstaat Kalifornien heißt seine Besucher willkommen

EXTRATIPP

Free days at museums

Unter www.discoverlosangeles.com/blog/100-free-things-do-los-angeles-free-museums findet sich der „Free Museum Guide". Dort sind die Tage und Zeiten aufgeführt, an denen bestimmte Museen **freien oder ermäßigten Eintritt** bieten.

M39 [dh] **Institute of Contemporary Art L.A. (ICA LA),** 1717 E 7th St., www.theicala.org, Mi.–Fr. 11–19, Sa./So. 11–18 Uhr, Eintritt frei. Das ehemalige Santa Monica Museum of Art hat unter neuem Namen im Arts District eine Heimat gefunden. Gezeigt wird zeitgenössische, regionale Kunst.

M40 [D2] **Italian American Museum of Los Angeles,** 644 N Main St., http://iamla.org, Di.–So. 10–15 Uhr, Eintritt frei. 2016 eröffnetes Museum in der historischen Italian Hall von 1908 im El-Pueblo-Viertel. Ehemaliger Treff der großen italienischen Gemeinde. Dauerausstellung von der frühen Besiedelung über die große Zuwanderung bis zur Bedeutung der Italiener in Hollywood, zu Traditionen und Kultur. Außerdem Wechselausstellungen.

M41 [D3] **Japanese American National Museum (JANM),** 100 N Central Ave., www.janm.org, Di./Mi., Fr.–So. 11–17 Uhr, Do. 12–20 Uhr, $ 12 (Do. 17–20 Uhr sowie am 3. Do. im Monat ganztägig Eintritt frei). Rolle, Geschichte und Bedeutung der japanischen Immigranten in den USA, dargestellt anhand einer Sammlung von über 60.000 Artefakten, Dokumenten und Fotos. Sehenswerte Wechselausstellungen und interessanter Museumsladen (viele Artikel aus Japan).

24 [f7] **LACMA (Los Angeles County Museum of Art).** Kulturgeschichtliches Museum mit antiker (griechisch-römischer), afrikanischer, lateinamerikanischer/präkolumbischer und asiatischer Kunst, Textilien sowie moderner europäischer und amerikanischer Kunst (s. S. 32).

M42 [ef] **Los Angeles Police Museum,** 6045 York Blvd., http://laphs.org, Di.–Fr. 10–16 und 3. Sa. im Monat 9–15 Uhr, $ 9. Ausstellung zur Geschichte und Arbeitsweise des LAPD.

M43 [h2] **Madame Tussauds Hollywood,** 6933 Hollywood Blvd., www.madametussauds.com/hollywood, mind. 10–20 Uhr, $ 30,95 (online günstiger). Filiale des weltbekannten Wachsfigurenmuseums.

025la Abb.: mb

Im GRAMMY Museum **13** *geht es um die berühmteste Auszeichnung der Musikindustrie*

M44 [cg] **Marciano Art Foundation (MAF),** 4357 Wilshire Blvd., https://marcianoartfoundation.org, Do./Fr. 11–17, Sa. 10–18, So. 10–17 Uhr, Eintritt frei, aber Vorbestellung zeitgebundener Tickets empfohlen. Privatsammlung in ehemaligem Scottish Rite Masonic Temple. Zeitgenössische Kunst der GUESS-Gründer Paul und Maurice Marciano. Rund 1500 Objekte aller Genres, großteils aus den 1990er-Jahren und auch von jungen, weniger bekannten Künstlern. Wechselausstellungen, Café und *bookstore.*

10 [B4] **MOCA (Museum of Contemporary Art).** Hochkarätige Sammlung amerikanischer und europäischer moderner Kunst in wechselnden Ausstellungen (s. S. 19).

M45 [c4] **MOCA Pacific Design Center (PDC),** 8687 Melrose Ave., www.moca.org, Di.–Fr. 11–17, Sa./So. 11–18 Uhr, Eintritt frei. Ableger des MOCA mit Wechselausstellungen.

090la Abb.: mb

› **Museum of Latin American Art (MoLAA)** (s. S. 47). 1996 gegründetes einziges Museum mit Fokus auf moderne und zeitgenössische lateinamerikanische Kunst.

M 46 [df] **Museum of Neon Art (MONA),** 216 S. Brand Blvd. Glendale, Mi.–Sa. 12–19, So. 12–17 Uhr, $ 10, www.neonmona.org. Einzigartiges Museum, das sich Neonschildern und -beleuchtungen als Kunstmedium widmet und zahlreiche historische Schilder aufbewahrt. Auch Touren „Saturday Nights!" zu ausgewählten Terminen im Doppeldeckerbus zu legendären Neonbeleuchtungen.

30 [bg] **Museum of Tolerance.** Sehenswertes „Holocaust-Museum" zur Dokumentation und Erforschung von Rassenhass und Vorurteilen (s. S. 37).

14 [dh] **Natural History Museum of L.A. County (NHM).** Riesiges Naturkundemuseum mit langer Geschichte, das um attraktive Abteilungen mit Dinosauriern bereichert wurde (s. S. 22).

M 47 [ef] **Norton Simon Museum,** 411 W Colorado Blvd., Pasadena, www.nortonsimon.org. Mo./Mi./Do./So. 12–17, Fr.–Sa. 11–20 Uhr, $ 15 (am 1. Fr. im Monat 17–20 Uhr Eintritt frei). Schwerpunkt dieser umfangreichen privaten Kunstsammlung ist europäische Kunst vom 14. bis zum 19. Jh. Außerdem gibt es einen schönen Skulpturenpark.

M 48 [a6] **Paley Center for Media,** 465 N Beverly Dr., Beverly Hills, www.paleycenter.org, Mi.–So. 12–17 Uhr, $ 10. Infos zur Geschichte und Bedeutung von TV und Radio mit rund 150.000 Programmen, die wechselweise gezeigt bzw. abgerufen werden können.

27 [f7] **Petersen Automotive Museum.** Informationen über das Straßensystem und dessen Bedeutung für Bevölkerung und Stadt, aber auch eine Ausstellung mit über 150 seltenen Autos, Trucks und Motorrädern (s. S. 35).

M 49 [h2] **Ripley's Believe It Or Not! Odditorium,** 6780 Hollywood Blvd., tgl. 10–24 Uhr, $ 25, www.ripleys.com/hollywood. Hier gibt es Unglaubliches und Kurioses.

M 50 [d4] **Schindler House,** 835 N Kings Rd., West Hollywood, http://makcenter.org, Mi.–So. 11–18 Uhr, $ 10 (Fr. 16–18 Uhr Eintritt frei). Zugehörig sind die Mackey Apartments und das Fitzpatrick-Leland House. Der Architekt R.M. Schindler (1887–1953) aus Wien, ein Schüler F. L. Wrights, baute 1920 das Hollyhock House **21** und dann 1922 sein eigenes Haus sowie einige andere in Silver Lake.

M 51 [af] **Skirball Cultural Center,** 2701 N Sepulveda Blvd., www.skirball.org, Di.–Fr. 12–17, Sa./So. 10–17 Uhr, $ 12 (Do. Eintritt frei). Sehenswertes, modernes jüdisches Kulturinstitut, in dem ethnische und kulturelle Identität im Vordergrund steht. Viel Multimedia, Wechselausstellungen und Programme. Höhepunkt ist eine künstlerisch nachgebaute Arche Noah von Moshe Safdie (zeitgebundene Tickets!).

38 [df] **The Autry.** Faszinierende Sammlung zu Westernkunst, -film, -mythos, Cowboys u. a. (s. S. 48).

Fundort von allerhand Urtieren: die La Brea Tarpits mit George C. Page Museum **25**

9 [B4] **The BROAD.** Spektakuläres Museum für zeitgenössische Kunst mit grandioser Architektur (s. S. 19).

M52 [D3] **The Geffen Contemporary at MOCA,** 152 N Central Ave., www.moca.org/museum/moca_geffen.php, Mo./Mi./Fr. 11–18, Do. 11–20, Sa./So. 11–17 Uhr, $ 15 (gilt auch im MOCA 10). Wechselausstellungen in einer früheren Polizeigarage in Little Tokyo.

32 [ag] **The Getty Center.** Schwerpunkt ist europäische Kunst verschiedener Genres, präsentiert in sehenswerter moderner Architektur, umgeben von Gärten und mit tollem Ausblick (s. S. 38).

33 [ag] **The Getty Villa.** Kunst und Kultur der Antike (Griechen, Etrusker, Römer), präsentiert in einer nachgebauten römischen Villa (s. S. 40).

40 **The Huntington Library, Art Collections, and Botanical Gardens.** Kunstsammlung, Bibliothek und die sehenswerten Gartenanlagen bilden ein Gesamtkunstwerk (s. S. 51).

M53 [bh] **Wende Museum @ The Armory,** 10808 Culver Blvd., Culver City, www.wendemuseum.org, Fr. 10–21, Sa./So. 10–17 Uhr, Eintritt frei. Ein ungewöhnliches Museum, das sich der Zeit des „Kalten Krieges" zwischen 1949 und 1989 sowie der „Wende" in Ostdeutschland widmet.

Galerien

Die Kunstszene von L.A. macht New York Konkurrenz – auch, was die Preise angeht. Gehäuft gibt es in Downtown Galerien in **Chinatown** (Chung King Rd.), in der **Gallery Row** (Main–Spring St., 2nd–9th St.) und am **Wilshire Blvd.** (Miracle Mile). **West Hollywoods** Kunstszene konzentriert sich auf die Kreuzung Melrose Ave./N Robertson Blvd. und den 6000er- bis 6800er-Block der Melrose Avenue. Daneben lohnen **Santa Monica** und ganz besonders der **NoHo Arts District** (http://nohoartsdistrict.com).

G54 [bh] **Bergamot Station,** 2525 Michigan Ave., Santa Monica. Rund 30 Galerien in einen ehemaligen Trambahnbahnhof (www.bergamotstation.com). Zweimal jährlich finden hier zudem die Santa Monica Auctions (www.smauctions.com) statt.

G55 [h3] **LAXART,** 7000 S. Monica Blvd., Di.–Sa. 11–18 Uhr, http://laxart.org. Alternatives Kunstzentrum mit zahlreichen Galerien, die sich um die Kreuzung Highland Ave./S. Monica Blvd. im neuen Hollywood Arts District gruppieren.

Open-Air-Kunst: Wandmalerei im Arts District 5

0841a Abb.: LATCB

Los Angeles für Architekturinteressierte

Auch wenn es auf den ersten Blick nicht so aussieht: Los Angeles hat eine große Bandbreite an sehenswerter Architektur vom späten 19. Jh. bis zu zeitgenössischen Bauten zu bieten und es hat sogar in einigen Bereichen Kunstgeschichte geschrieben.

Vom **alten Kern der Stadt** aus dem 18. Jh. ist nicht viel übrig, die Olvera Street ist heute in erster Linie eine Touristenattraktion mit ein paar historischen Häusern aus dem 19. Jh. Zu Beginn des 20. Jh. machte L.A. erstmals architektonisch von sich Reden: Der **Bungalow Style**, aufgebracht von den Brüdern **Charles und Henry Greene**, bildete ein Gegengewicht zu den damals vorherrschenden historisierenden Baustilen. Voluminöse Formen und ein neues Raumerlebnis, natürliche Materialien – besonders Holz und Glas – und handwerklich solide Techniken („Craftsman Style") rückten in den Vordergrund. Beeinflusst wurde diese Entwicklung von dem „uramerikanischen" Baumeister **Frank Lloyd Wright** und seinen 1893 bis 1910 entstandenen „Prairie Houses". Die Greenes schufen in L.A. unverwechselbare, an Landschaft und Kundenwünsche angepasste Bungalows, z. B. das **Gamble House** in Pasadena 39 von 1908. Auch Rudolph Schindler, ein Schüler Wrights, schuf moderne Bungalows, wie sein Wohnhaus in West Hollywood belegt (s. S. 60).

Daneben florierte in den 1920er-Jahren der **Spanish Style** und es entstanden Hacienda-artige Bauten, malerische Kombinationen von Bogengängen, Türmchen, Balkonen und Patios mit Gitterfenstern und schweren Holztüren. Ein Beispiel ist die **Villa Aurora** (s. S. 41) von 1928 in Pacific Palisades. Etwa gleichzeitig wuchs mit der Blüte Hollywoods der Eklektizismus in der Architektur und Fantasiehäuser wie das **Spadena House** in Beverly Hills (Walden Dr./Carmelita Ave.) entstanden. Auch „Hansel & Gretel House" genannt, war es 1921 als *movie set* (Filmkulisse) erbaut, dann versetzt und als Privathaus genutzt worden. Vor allem aber belegen die **Theater** entlang dem Hollywood Blvd. den ausgefallenen Geschmack der Filmszene.

Mit dem Bevölkerungswachstum und dem wirtschaftlichen Aufschwung der Stadt in den 1920er-Jahren ging die Entstehung repräsentativer **öffentlicher Bauten in Downtown** einher. Sie wurden meist im eleganteren, konservativen Beaux-Arts-Stil (klassizistisch) oder im damals moderneren Art déco geplant. Die **Central Library** (630 W 5th St.) von 1926 präsentiert sich ägyptisierend-mediterran und wird von einem Pyramidendach gekrönt. Art déco verkörpert hingegen die 1928 eröffnete **City Hall** 6, die bis 1964 als höchstes Gebäude Kaliforniens galt, ebenso das **Bullocks Wilshire** (3050 Wilshire Blvd.), ein Kaufhaus von 1929.

Während der Depression in den 1930er-Jahren schwand die Extravaganz und Art déco ging in einen schlichteren **New World Streamline Style** über. Robert Derrahs **Coca-Cola Bottling Plant** von 1937 (1334 Central Ave.) wirkt wie ein Ozeankreuzer und die **Union Station** 2 von 1939 vereint Streamline und altmodischen Spanish-Revival-Stil.

Nach dem Krieg entstanden neue, durch Freeways erschlossene Vororte *(suburbs)*. Wohnraum – v. a. Mehrfamilienhäuser (sogenannte **low-cost**

houses) – für die wachsende (mexikanische) Stadtbevölkerung wurde gebraucht. Unter Frank L. Wrights Einfluss entstand neben solcher Zweckarchitektur in den 1950er-/60er-Jahren aber auch **wegweisende moderne Architektur**, z. B. 1949 das **Eames House** (203 Chautauqua Blvd., Pacific Palisades) von Charles und Ray Eames. Schon 1939 war John Lautner, ein Schüler Wrights, nach Los Angeles gekommen und hatte mit sogenannter **Googie-Architektur** für Aufsehen gesorgt.

Angeregt durch das 1932 von den Architekten Henry-Russell Hitchcock und Philip Johnson verfasste Manifest **„The International Style"** machte sich auch in L.A. ein moderner, schlichter und funktioneller Universalstil aus Stahl und Glas breit. Das **Bonaventure Hotel** (404 S Figueroa St.) von 1976 mit seinen fünf kupferglänzenden Zylindern ist ein Beispiel dafür. Erstmals Widerspruch gegen die modernistischen steril-glatten Stahl-Glas-Türme formulierte 1972 Robert Venturi in dem Pamphlet **„Learning from Las Vegas"**. Michael Graves und Henry Moore, später auch Philip Johnson selbst, griffen Venturis Ideen auf – Folge war die sogenannte **Postmoderne.** Historische Stile wurden wieder salonfähig, allerdings auf neue, kreative Art und Weise kombiniert mit modernen Elementen. Ein Musterbeispiel ist das **Team Disney Building** (1985–1991) in Burbank von Graves mit sieben Zwergen als Gebälkstützen nach antikem Vorbild.

Ein wichtiges städtebauliches Projekt war **Bunker Hill.** 1973 wurde hier der **erste echte Wolkenkratzer,** das über 60-stöckige First Interstate Building, später **Aon Center,** fertiggestellt. **Der U.S. Bank Tower (Library Tower)** mit 310 m folgte 1990. Er gilt als höchstes Gebäude an der Westküste und stammt von I.M. Pei. Bunker Hill erstreckt sich entlang der 3rd Street, nahe Pershing Square. Heute markieren Wells Fargo Center, One und Two California Plaza sowie die Concert Hall den Hügel, wobei die Mehrheit der *skyscraper* in den 1980er-Jahren entstand, nachdem die alten Wohnhäuser abgerissen worden waren.

Diesem Schicksal entgingen viele andere Viertel, nachdem 1983 die erste HPOZ (**Historic Preservation Overlay Zone**) in Angelino Heights ausgewiesen und damit die zahlreich existierenden viktorianischen Bauten unter Schutz gestellt wurden. Inzwischen gibt es mehr als 30 solcher HPOZs (www.preservation.lacity.org/hpoz).

Allmählich wurden auch **Museumsbauten** zur wichtigen Bauaufgabe: Nachdem 1983 das **Geffen Contemporary** (s. S. 61) – ein altes Lagerhaus – von Frank Gehry umgebaut worden war, entwarf 1987 der Japaner Arata Isozaki das **Museum of Contemporary Art** 10. 1996 eröffnete das **Paley Center for Media** (s. S. 60) von Richard Meier, berühmter wurde der aus Toronto stammende Architekt jedoch mit dem **Getty Center** 32 (1997). Kein Geringerer als Renzo Piano plante die Neubauten von **BCAM** (Broad Contemporary Art Museum, 2008), dem angrenzenden **Resnick Exhibition Pavilion** (2010) und dem **BP Pavilion** (2011) als Teil des LACMA 24. Dieser Museumskomplex, für den der Schweizer Architekt Peter Zumthor derzeit eine komplette Neugestaltung plant, belegt einen klimatisch bedingten Trend im öffentlichen Bauen: fließende Übergänge zwischen Drinnen und Draußen.

EXTRATIPP

Kunst am Bau

Einige Museen verfügen über sehenswerte **„Sculpture Gardens"**, z. B. das Getty Center 32, LACMA 24, die Getty Villa 33 oder das Norton Simon Museum (s. S. 60). Zu den Highlights gehört auch der Franklin D. Murphy Sculpture Garden der UCLA 31. Daneben finden sich auf öffentlichen Plätzen wie an der American Plaza (Four Arches, Alexander Calder), am Wells Fargo Center Court (Le Dandy, Jean Dubuffet), am California Market Center (Hammering Man, Janathan Borofsky) oder um die City Hall 6 sehenswerte **moderne Skulpturen.** Auch in **Metro Rail Stations** (s. S. 17) ist moderne Kunst zu bewundern.

Zum **Revival von Downtown L.A.** trug bei, dass Bürogebäude aus dem frühen 20. Jh. in Apartmentbauten umgewandelt wurden. Außerdem entstanden neue Wohntürme, v. a. in South Park nahe dem Staples Center (s. S. 115) und im Zusammenhang mit dem Entertainmentkomplex **L.A. LIVE** 13. So haben längst berühmte Architekten wie Frank Gehry, Thom Mayne, Richard Meier, José Rafael Moneo, I.M. Pei oder Renzo Piano das liberale L.A. als neues Aufgabenfeld entdeckt und neben Wohn- und Museumsbauten auch öffentliche Neubauten in Angriff genommen. Die spektakuläre **Walt Disney Concert Hall** 8 von Gehry (2003), der neue Museumsbau **The BROAD** 9 von Diller Scofidio + Renfro, der im Herbst 2015 nebenan eröffnet hat, L.A. LIVE (2007–2010), ein Komplex kubistisch-anmutender, moderner Bauten verschiedener Architekten, sowie der PDC-Campus in West Hollywood von Caesar Pelli sind jüngste Beispiele. Die 2002 eröffnete **Cathedral of our Lady of the Angels** 7 vom Reißbrett José Rafael Moneos passt als moderne Kathedrale in diese neue Ära. Zwischenzeitlich hat auch **„grünes Bauen"** Einzug gehalten: Die **Caltrans District 7 Headquarters** (100 S Main St.), 2004 als energiesparender, umweltfreundlicher Bau vollendet, und The Bloc 12 mit LEED-Zertifikat in Gold sind Beispiele.

Auch in jüngster Zeit tut sich viel: In direkter Nachbarschaft zu LACMA 24 steht das neue **Academy Museum of Motion Pictures** (s. S. 58) kurz vor der Fertigstellung. Wie der neue An-

Wie eine Weltraumkapsel: der Neubau des Academy Museum of Motion Pictures (s. S. 58)

bau des LACMA stammt auch dieses Konglomerat aus historischem Saban Building und neuer „Sphere" (David Geffen Theater und Dolby Family Terrace) von Renzo Piano.

Die Sammlung der **Marciano Art Foundation** (s. S. 59) zog 2017 in den Scottish Rite Masonic Temple, einen monumentalen, fensterlosen Freimaurertempel von 1961, ein, nachdem dieser vom lokalen Architekturbüro wHY (Kulapat Yantrasast) umgestaltet worden war. Dasselbe Büro war auch für den schlichten, boxartigen Flachbau des **Institute of Contemporary Art** (s. S. 59) zuständig.

Das **Wende Museum** (s. S. 61) bezog kürzlich ebenfalls einen historischen Bau: The Armory, das Waffenarsenal der National Guard von 1949 in Culver City. Umgestaltet wurde auch das **Petersen Automotive Museum** 27 von Kohn Pedersen Fox Associates. Der rote Gebäudeblock wird von geschwungenen Bändern in Edelstahl umkleidet, die abstrakt einen Rennwagen nachformen.

Mit 335 m zwar hoch, aber eher schlicht-modern ist der **Wilshire Grand Tower**, der das U.S. Bank Building (das dafür die Aussichtsplattform OUE Skyspace erhielt, s. S. 20) in puncto Höhe abgelöst hat. Die gerade begonnenen **Grand Avenue Towers** gegenüber der Disney Concert Hall 8 wurden von Frank Gehrys Büro geplant.

Preiskategorien

Annäherungswert für ein Dinner (Fleisch oder Fisch) mit Beilagen, ohne Getränk, Trinkgeld und Mehrwertsteuer. Lunch (Mittagessen) ist oft günstiger.

$	unter $ 15
$$	$ 15–25
$$$	über $ 25

Los Angeles für Genießer

Die kulinarische Szene in Los Angeles gleicht einem bunten Eintopf, in dem mexikanische, asiatische, orientalische, europäische, pazifische und indianische Zutaten sich zu einem schmackhaften Ganzen vermischen.

Es gibt in L.A. **mehrere Zentren**, in denen geballt Restaurants zu finden sind, z. B. **Downtown**, **Hollywood** und die **Westside**. Für den **preiswerten Imbiss** ist in Downtown der Broadway ideal, v. a. der **Grand Central Market** 11, wo es Tortillas, Burritos u. Ä. supergünstig gibt. Auch Old Town ist für Mexikanisches bekannt, allerdings ist es dort teurer. **Little Tokyo** 4 ist perfekt für einen asiatischen Imbiss wie z. B. eine Nudelsuppe und schickere kleine Restaurants und Cafés sind im **Fashion District** 12 zu finden. Im Fairfax District bietet der L.A. Farmers Market (s. S. 34) eine Vielzahl von Ständen mit Essen und Trinken.

Sofern nicht anders angegeben, sind die unten gelisteten Lokale täglich **zum Mittag- und Abendessen geöffnet.** Falls eine **Reservierung** sinnvoll ist, wurde eine Telefonnummer angegeben, meist kann jedoch auch über die Website reserviert werden.

Restauranttipps

Fine Dining

56 [c3] **Boxwood Café @ The London** $$$, 1020 N San Vicente Blvd., West Hollywood, Tel. 1 866 2824560, www.thelondonwesthollywood.com. Gordon Ramsay, bekannt als Kochbuchautor und TV-Chef, steht in der Küche der zum London West Hollywood Hotel gehörigen Cafés (Frühstück/Lunch/Tea) und Restaurants (Dinner).

57 [d4] **Sushi Ginza Onodera LA** $$$$, 609 La Cienega Blvd, West Hollywood, Tel. 323 4334817, https://onodera-group.com/sushi-la, tgl. ab 18 Uhr. Japanischer Genusstempel, der zwar seinen Preis hat, dafür aber einzigartig ist. Fisch und Meeresfrüchte kommen dreimal wöchentlich frisch vom Tokyo Tsukiji Markt und der Chef bestimmt das Menü.

58 [bg] **Westside Tavern** $$$, 10850 W Pico Blvd., Westside Pavilion (Shopping Mall), Tel. 310 4701539 , www.westsidetavernla.com.. Moderne amerikanische Gerichte mit bevorzugt lokalen und saisonalen Produkten. Es gibt eine Vielzahl kalifornischer Biere und gute Cocktails an der einladenden Bar.

Amerikanisch-kalifornische Küche

59 [i2] **Musso & Frank Grill** $$-$$$, 6667 Hollywood Blvd., Tel. 323 4677788, http://mussoandfrank.com, Mo. geschlossen, So. erst ab 16 Uhr. Ehemaliges *Hollywood Clubhouse,* in dem u. a. schon William Faulkner, Charlie Chaplin oder Marilyn Monroe saßen. Fleisch und Fisch, amerikanische Klassiker, gute Cocktails, v. a. Martinis, an der Mahagony-Bar.

60 [B4] **Nick & Stef's** $$$, 330 S Hope St., Tel. 213 6800330, www.patinagroup.com/nick-and-stefs-steakhouse-la, Sa./So. nur Abendessen. Im Wells Fargo Center, mitten im geschäftigen Downtown, versteckt sich dieses Steakhouse, das zu den besten der Stadt zählt. Viele Steaks aus dem eigenen „Aging Room" – für L.A. nicht einmal überteuert.

61 [h2] **Pig 'n' Whistle** $$-$$$, 6714 Hollywood Blvd., Tel 323 4630000, http://pignwhistlehollywood.com. Institution am Egyptian Theatre von 1927, in der man sich zu Lunch oder Dinner und am Wochenende auch zum Tanz trifft.

62 [dg] **The Black Cat** $$$, 3909 Sunset Blvd., www.theblackcatla.com, tgl. Dinner. Aus der einst legendären *gay bar* von 1966 ist ein beliebter Gastropub geworden. Abgesehen von einer großen Bierauswahl gibt es schmackhafte Gerichte wie Beef Cheek Tacos, Vegetable Lasagnette oder Corn Pudding.

63 [a6] **The Farm of Beverly Hills** $$, 439 N Beverly Dr., Beverly Hills, Tel. 310 2735578, www.thefarmofbeverlyhills.com. Innovative amerikanische Küche zum Frühstück, mittags und abends. Bevorzugt farmfrische Zutaten und Hausmacherkost *(comfort food).* Lohnend sind z. B. das *BBQ Beef Brisket Sandwich* oder der *Farm Turkey Meatloaf* (Putenhackbraten).

Mexikanische Küche

64 [A5] **Border Grill Downtown L.A.** $$$, 445 S. Figueroa St., Tel. 213 4865171. Eher feiner, hipper Mexikaner, auch preislich gehoben, Chefköche sind Sue Milliken und Susan Feniger, bekannt aus dem Fernsehen als „Too Hot Tamales". Unter ihrer Regie ist auch das El Cholo.

65 [cg] **El Cholo** $$, 1121 S Western Ave., Tel. 323 7342773. Relativ bodenständiger und preiswerter Mexikaner in Hollywood mit Terrasse und Bar. Serviert seit 1927 Tacos und legendäre Margaritas, große Portionen.

66 [dh] **Guerrilla Tacos** $-$$, 2000 E 7th St., Tel. 213 3753300, www.guerrillatacos.com. Chef Wes Avila startete mit einem Food Truck, inzwischen betreibt er das Lokal im Arts District. Ausgebildet in Kalifornien und Frankreich bietet er Tacos mit einem „Twist" und aus regionalen Produkten.

67 [D2] **La Golondrina Cafe** $$$, 17 Olvera St., Tel. 213 6284349, www.casalagolondrinacafe.com. La Golondrina Cafe geht auf das Jahr 1924 und den mexikanischen Immigranten Consuelo de Bonzo zurück. Das Lokal gilt als erstes authentisches mexikanisches Restaurant in L.A.

68 [B4] **Pez Cantina** $$-$$$, 401 S Grand Ave., Tel. 213 2582280, www.pezcan

091la Abb.: Lily Brown/MST Creative

tina.com. In Bunker Hill (Downtown) gibt es „Coastal Mexican Cuisine“ mit viel Fisch und Meeresfrüchten in unkompliziertem Ambiente. Mo./So. nur Lunch, Sa. auch Brunch.

Mediterrane Küche

69 [B6] **Bottega Louie Restaurant & Market** $-$$, 700 S Grand Ave., Tel. 213 8021470, www.bottegalouie.com. Restaurant und Patisserie mit kleiner Bar, v. a. kommt man zum Frühstück bzw. Brunch speziell wegen des frischen Backwerks hierher. Ansonsten Pizza, Pasta, Salate und Sandwiches.

70 [b6] **Il Cielo** $$, 9018 Burton Way, Beverly Hills, Tel. 310 2769990, www.ilcielo.com. „Country Restaurant in the City“ – klassischer Italiener mit herzhafter Küche und einfachen, aber qualitativ hochwertigen, frischen Ingredienzien. Besonders empfehlenswert: Pasta, Foccacia und Antipasti. So. nur abends geöffnet.

Bei E.A.K. Ramen gibt es leckere, sättigende Nudelsuppen

Asiatische Küche

71 [g4] **E.A.K. Ramen** $$, 7455 Melrose Ave., Tel. 323 8661866, https://eakramen.com. Hier wird der IEKEI-Stil, eine Ramen-Art mit dicker Brühe aus Hühner- und Schweinefleisch, mit Spinat und Norialge, mariniertem Ei und dicken Nudeln sowie gerolltem Schweinefleisch *(pork chashu)* perfektioniert und in verschiedenen Varianten serviert. Auch vegetarische/vegane Varianten.

72 [ef] **Edwin Mills by Equator** $$-$$$, 22 Mills Place, Old Pasadena, Tel. 626 5648656, http://edwinmills.com/our-restaurant, tgl. Dinner, Do.–So. auch Lunch. Asiatisches Restaurant mit ungewöhnlichen Kreationen in den ehemaligen Stallungen der Polizeistation.

73 [dg] **The Dragon** $-$$, 966 S Vermont Ave., Tel. 213 3878833, http://thedragonla.com. Alteingesessenes Lokal in Koreatown mit günstigen Mittagsmenüs.

74 [a6] **Yojisan** $$$, 260 N Beverly Dr., Beverly Hills, Tel. 424 2453799, www.yojisan.com, Sa./So. nur Dinner. Japanisches Restaurant mit kreativen, ausgefallenen Gerichten, auch Sushi und Sashimi. Top-Service.

EXTRATIPPS

Essen mit Ausblick

- **Gladstone's** (s. S. 69). Seafood an der Waterfront von Long Beach.
- **Restaurant at the Getty** (s. S. 39). Gediegene Atmosphäre und Blick auf die Stadt und die Santa Monica Mountains. Saisonale Menüs, erlesene Weinkarte.
- **Rose Garden Tea Room,** The Huntington 40. Tee und Teegebäck, Sandwiches und Salate in viktorianischem Ambiente mit Blick auf den Rosengarten.

Lecker vegetarisch

75 **Leonor's Mexican Vegetarian Restaurant** $-$$, 11403 Victory Blvd., North Hollywood, https://theogleonors.com. Große Auswahl und gemütliche Atmosphäre.

76 [B4] **Mixt** $, 350 S Grand Ave., www.mixt.com, Mo.–Fr. 10.30–14.30 Uhr. Mixt ist auf Salate aller Art spezialisiert, teils aus dem eigenen Garten, außerdem Sandwiches, organisch und vegetarisch u. v. a.

77 [dg] **My Vegan Gold** $, 4319 W Sunset Blvd., http://myvegangold.com, tgl. 11 bis mind. 22 Uhr. Abwechslungsreiche vegane Speisekarte mit Zutaten aus meist regionaler Herkunft.

- **The Farm of Beverly Hills** (s. S. 66). Hier gibt es viel Vegetarisches aus farmfrischen Zutaten und *comfort food.*

Für den späten Hunger

- **Du-par's,** L.A. Farmers Market (s. S. 34). Lokal mit eigener Bäckerei und günstiger Happy Hour.

78 [dh] **Farmer Boys,** 726 S Alameda St. Altmodischer Burgerspot, auch Kindermenüs, Sandwiches, Salate und Frühstück sowie Gegrilltes, rund um die Uhr und preiswert.

79 [dg] **Original Tommy's,** 2575 W Beverly Blvd. Bekannt für seine Chili Burger, 24 Stunden geöffnet, mehrere Filialen.

French dipped oder double-dipped?

Im seit 1908 in Familienbesitz befindlichen Lokal Philippe werden lokale Produkte in familiärer Atmosphäre, preiswert und in riesigen Portionen serviert. Angeblich wurden hier 1918 von Phillipe Mathieu die **„french dipped sandwiches",** in Soße getunkte belegte Brötchen, erfunden. Henry Cole beanspruchte ebenfalls das „Copyright" und behauptet, 1908 in „Cole's PE Buffet" das erste in Soße getauchte Sandwich serviert zu haben. Kenner verlangen **„double-dipped",** d. h., die Semmel mit Rindfleisch wird etwas länger eingetaucht. Ebenso legendär sind die **„pickled pigs' feet"** (eingelegte Schweinepfötchen) mit hausgemachtem Senf.

80 [C5] **Cole's,** 118 E 6th St.

81 [C2] **Philippe,** 1001 N Alameda/Ord St., Chinatown

Dine L.A.

Im Januar und im Juli gibt es werktags Gelegenheit, die richtig guten, teuren Restaurants im Rahmen von **„Dine L.A."** zum Schnäppchenpreis kennenzulernen. Es gibt drei Kategorien: $ 15/20/25 für Lunch, $ 29/39/49 fürs Abendessen, je nach Restaurant. Eine Liste findet sich unter www.discoverlosangeles.com/dinela-los-angeles-restaurant-week.

Tipps zu den gerade angesagten Restaurants gibt es unter https://la.eater.com.

„Essen auf Rädern"

Ein kulinarischer Trend sind **Food Trucks.** Zur Mittagspause stehen an vielen Stellen, z. B. am Wilshire Blvd. (Nähe LACMA 24), Fahrzeuge, in denen Köche Gerichte verschiedener Küchen zu guten Preisen anbieten.

- www.findlafoodtrucks.com, https://roaminghunger.com/food-trucks/ca/los-angeles

Fischküche

82 [Seite 43] **Enterprise Fish Co** $$, 174 Kinney St., Santa Monica. Hervorragendes frisches Seafood aller Art, aber auch Steaks oder Huhn. Mit Patio zum Draußensitzen sowie Sushi- und Austernbar.

83 **Gladstone's** $$, 17300 Pacific Coast Hwy., Malibu, https://gladstones.com. Hier gibt es fangfrisches Meeresgetier aller Art, frisch auf dem Holzkohlegrill zubereitet, schön zum Sitzen im Freien mit Meerblick. Tgl. Dinner, Sa./So. auch Brunch und Lunch.

84 [j2] **The Hungry Cat** $$$, 1535 N Vine St., Hollywood, Tel. 323 4622155, http://thehungrycat.com, nur Dinner, am Wochenende auch Brunch. Legendäres Fischlokal mit frischen Meeresfrüchten (Austern!) und Fisch aus der Region, dazu ausgezeichnete Weinliste.

85 [B5] **Water Grill** $$-$$$, 544 S Grand Ave., Tel. 213 8910900. Bestes Seafood-Lokal der Stadt, eher teuer; Filiale an der Ocean Ave. von Santa Monica.

Weltküche

86 [dg] **Bavel** $$$, 500 Mateo St., Tel. 213 2324966, https://baveldtla.com, tgl. Dinner. Ori Menashe und Genevieve Gergis zaubern dank ihrer israelischen, marokkanischen, türkischen und ägyptischen Wurzeln ausgezeichnete orientalisch-kalifornische Küche.

87 [C6] **Woodspoon,** $-$$,107 W 9th/Spring St., Tel. 213 6291765, www.woodspoonla.com. Preiswerte brasilianische Küche mit frischen Ingredienzien regionaler Herkunft. Ein besonderer Tipp sind die *Chicken Pot Pies.* Hangout für Locals und Kunstliebhaber. Di.-Sa. Lunch und Dinner.

Mel's Drive-In (s. S. 29) war einst Drehort von „American Graffiti"

013la Abb.: mb

88 [E4] **Wurstküche** $-$$, 800 E 3rd St., www.wurstkuche.com. Hot Dogs, Sandwiches und auch viel Vegetarisches. Bekannt für Würste mit verschiedenen Toppings von Sauerkraut über Zwiebelringe bis Paprika, im Brötchen serviert.

89 [dg] **Zinc Café & Market** $$, 580 Mateo St., www.zinccafe.com, Mo-Mi. 8-22, Do.-Sa. 8-24 Uhr, Weekend Brunch 8-16 Uhr. Gesunde Gerichte aus aller Welt wie Salate, Pizza oder Burritos. Zugehörig ist die Bar Mateo.

Imbiss, Delis und Diners

90 [d3] **Carney's,** 8351 W Sunset Blvd. Seit 1968 bekannt für Chilidogs, aber auch für Burger.

91 **Cupid's Hot Dogs,** 20030 Vanowen Blvd., Canoga Park. 1946 von Richard und Bernice Walse als bescheidener Stand in Hollywood gegründet, kleine Kette. Neben Hot Dogs auch gutes Chili.

92 [d6] **Joan's on Third,** 8350 W 3rd St. Ideal für einen „quick lunch" oder zum

Frühstück. *Cupcakes*, v. a. *Coconut*, sind als Nachtisch empfehlenswert!

93 [bh] **Kogi Taqueria,** 3500 Overland Ave., Mo. geschlossen. Preiswerte koreanische Tacos, Burritos und Kombiteller. Auch an Foodtrucks erhältlich (siehe http://kogibbq.com).

94 [a6] **Nate'n Al,** 414 N Beverly Dr. Eines der beliebtesten, alteingesessenen Delis von Beverly Hills, in dem auch Stars eine *Matzo Ball Soup*, Rippchen oder Corned-Beef-Sandwich bestellen.

95 [ch] **Pann's,** 6710 La Tijera Blvd., Mo.–Sa. 7–15, So. bis 16 Uhr. Der seit 1958 in griechischem Besitz befindliche Diner ist auch architektonisch, als Beispiel für Googie-Architektur, eine Legende. Zum Frühstück bekommt man hier Waffeln, *Pancakes, Eggs Benedict, French Toast* u. a. Spezialitäten, sonst gibt es Burger, Salate, Sandwiches und Ice-Cream-Drinks sowie tgl. wechselnde Specials.

96 [g4] **Pink's Famous Chili Dogs,** 709 N La Brea Ave. Seit 1939 gibt es hier Hot (und Chili) Dogs, für die selbst Prominente anstehen.

97 [C7] **The Alley Dog,** 317 E 12th St., www.thealleydog.com. Bekannt für den *Bacon Wrapped Hot Dog* – speckumwickelte Wurst in der Semmel mit Zwiebelringen, dazu viele Burger und gutes Frühstück. Filialen s. Website.

98 [dh] **The Fields LA,** 3939 S Figueroa St., www.thefieldsla.com, tgl. 11–19 Uhr. Food Hall neben dem Banc of California Stadium im Exposition Park. In dem dreistöckigen Bau gibt es an verschiedenen Stationen von Seafood über asiatisch, mediterran, mexikanisch bis hin zu Soulfood ausgezeichnetes Essen und einen gemeinsamen Sitzbereich.

99 [cf] **Vicious Dogs,** 5231 Lankershim Blvd. North Hollywood, https://viciousdogshotdogs.com. Ein Muss für Hot-Dog-Liebhaber, z. B. „Hot Chick" – Würstchen im Speckmantel mit Mozzarella überbacken und mit Hühnchen getoppt ...

Cafés

100 [dg] **Café Tropical,** 2900 W Sunset Blvd. Kubanisches Café mit frischen Backwaren und Empanadas (Fleischpasteten), gemütlich und lebhaft, dazu guter Kaffee. Ab 5.30 Uhr geöffnet.

101 [dg] **Dinosaur Coffee,** 4334 Sunset Blvd., Silver Lake, www.dinosaurcoffee.com. Kaffeegespezialitäten aus selbst gerösteten Bohnen, z. B. Kardamom-Zimt-Cappuccino oder Coconut Cacao Cold Brew, in witzigem Ambiente mit überall versteckten Dinosaurier-Figürchen.

102 [e2] **Griddle Café,** 7916 Sunset Blvd., Hollywood, www.thegriddlecafe.com, Mo–Fr. 7–16, Sa/So. 8–16 Uhr. Legendär sind die sättigenden Pancakes wie „Hear Me Roar", „Scotch on the Rocks", „A Time to Love", „Mounds of Pleasure" oder „Yellow Brick Road".

103 [B7] **Hygge Bakery,** 1106 S Hope St. Bekannt für *Danish Pastries* (Hefeteilchen), Mo.–Fr. 7–19, Sa. 8–17 Uhr.

104 [d5] **Kings Road Café,** 8361 Beverly Blvd., tgl. 6/7–16 Uhr. Kaffeeladen und Lokal, in dem es von Frühstück bis zu ganzen Gerichten alles gibt.

105 [bg] **Sprinkle's Cupcakes,** 9635 Santa Monica Blvd., www.sprinkles.com. Die kleinen mit Creme gekrönten Muffins gibt's hier in über 20 Sorten sowohl im Laden als auch an einem „ATM-Automaten" und in vielen Filialen.

106 [dg] **Sunset Junction Coffee Shop,** 3916 Sunset Blvd., tgl. 7–16 Uhr. Idealer Ort für ein gemütliches und üppiges Frühstück und erstklassigen Kaffee.

107 [c4] **Urth Caffe,** 8565 Melrose Ave., WeHo, www.urthcaffe.com. Organische Kaffees, Tees und vegane Desserts. Auch Stars gehen hier ein und aus. Weitere Filialen s. Website.

Vom Griffith Observatory **37** *hat man einen grandiosen Blick*

086la Abb.LATCB©Matt Marriott

Los Angeles am Abend

L.A. ist mit Nightclubs, Discos und Livemusikbühnen reich gesegnet, dazu kommt eine Vielzahl an Bars und Pubs. Die Szene ist insgesamt eher „gehoben" und teuer. Aber auch was Theater und Konzerte angeht, kann sich die Stadt sehen lassen.

Hollywood und der **Sunset Strip** gelten als die Nightlife-Zentren von Los Angeles, daneben sind Viertel wie Silver Lake, Los Feliz und Echo Park beim trendigeren, jüngeren Publikum beliebt. Mit **L.A. LIVE** ⓭ und den dort eingezogenen Klubs und Bars (wie dem The Novo, s. S. 76, die ION Rooftop Pool Bar auf JW Marriott L.A. LIVE, s. S. 120, oder der Conga Room, s. S. 73), aber auch dank alteingesessener Klubs wie Golden Gopher (s. S. 72) blüht auch in **Downtown** das Nachtleben.

Für viele Angelenos sind **Hotelbars**, wie etwa Teddy's Bar im Hollywood Roosevelt Hotel (s. S. 120), die Bonavista Lounge im Westin oder die Rooftop Bar im Hotel Erwin (s. S. 122) bzw. auf dem Standard Downtown Hotel (s. S. 120), der beliebteste Ort, sich auf einen Drink zu treffen. In Beverly Hills ist die Atmosphäre am exklusivsten, mit **Türsteher** und **dress code**, doch auch sonst achtet man auf korrekte Kleidung.

Alkoholgesetze werden ernst genommen: Erst ab einem Alter von **21 Jahren** darf man Alkohol trinken und ab 2 Uhr nachts wird nichts Alkoholisches mehr ausgeschenkt.

Da das Nachtleben in L.A. überaus **schnelllebig** ist, empfiehlt es sich, Infos in **LA Weekly** (www.laweekly.com) oder unter **www.discoverlosangeles.com/what-to-do/nightlife** einzuholen.

Nachtleben

Bars

108 [c6] **a.o.c.**, 8700 W 3rd St., West Hollywood. Weinbar und Restaurant mit kreativer Küche, Spezialitäten aus dem Holzofen, Käse- und Wurstplatten, besonders für die exklusive Weinkarte bekannt.

109 [B6] **BKLA**, 819 S Flower St. In der Lobby des O Hotels gibt es Cocktails und am Wochenende treten Bands auf. Dazu kalifornisch-mediterrane Speisekarte mit vielerlei Tapas.

Smoker's Guide

Raucher haben es in L.A. nicht leicht, denn der Genuss von Zigaretten ist auf den meisten öffentlichen Plätzen und Gebäuden, in Nahverkehrsmitteln und Taxis, am Arbeitsplatz, auf Bahnhöfen und auch in der Mehrzahl von Restaurants und Bars sowie an vielen Stränden **verboten.**

In Klubs oder Discos gibt es manchmal **Raucher-Patios** im Freien. In Stadien (d. h. Open-Air) gibt es kleine ausgewiesene **Raucherzonen.**

In sogenannten **Tobacco oder Cigar Bars,** in **Tabakgeschäften** sowie in einigen **privaten Klubs** ist das Rauchen gestattet, außerdem offerieren etliche **Hotels** noch „smoking rooms" (vorher nachfragen).

122 [C4] **2nd St. Cigar Lounge & Gallery,** 124 W 2nd St., www.2ndstreetcigars.com. Laden, Galerie und Raucherlounge (bequeme Sofas, TV, Gratis-WLAN) in einem, dazu Cigar-Tasting-Veranstaltungen.

123 [ef] **Cigars by Chivas,** 58 S De Lacey Ave., Old Pasadena, www.cigarsbychivas.com. Geschäft und Raucherlounge am Rande der Altstadt von Pasadena.

110 [Seite 43] **Cast Lounge @ The Viceroy,** 1819 Ocean Ave., Santa Monica. Am Abend Kerzenlicht, tagsüber relaxen am Pool beim coolen Drink. Fr./Sa. DJs, Mo.–Fr. 17–21 Uhr Cocktail-Happy-Hour.

111 [Seite 43] **Copa d'Oro,** 217 Broadway, Santa Monica. „Design-your-own cocktails" mit verschiedenen Alkoholika, Früchten, Kräutern etc., dazu kleine Gerichte und Panini. So./Mo. geschlossen.

112 [j2] **Frolic Room,** 6245 Hollywood Blvd. Legendäre Hollywood-Bar, 1930 als „Speakeasy" entstanden. Viele Stars waren hier zu Gast, auch Literaten wie Charles Bukowski. Traditionelles wie „beer & a shot", Old School Martinis oder Old Fashioned ist hier angesagt.

113 [B6] **Golden Gopher,** 417 W 8th St. Alteingesessene rustikal-dunkle Downtown-Bar mit Kronleuchtern und Jukebox, tgl. bis 20 Uhr Happy Hour.

114 [dg] **Harvard and Stone mit RD Bar,** 5221 Hollywood Blvd. Ultimative Cocktails, dazu Konzerte und Shows.

115 [E4] **In Sheep's Clothing,** 710 E 4th Pl., www.insheepsclothinghifi.com. „Geheimer" Zugang durch die Lupetti Pizzeria. Tagsüber gemütliches Café und abends eine der coolsten Bars im Arts District.

116 [B5] **Library Bar,** 630 W 6th St. Hier gibts Bücherregale, bequeme Sofas und Sessel, beliebt zur Happy Hour (Biere vom Fass und Glasweine), auch kleine Gerichte.

117 [B5] **Seven Grand DTLA,** 515 W 7th St. Kleine, gemütliche Bar mitten in Downtown im Obergeschoss mit einem unglaublichen Angebot an Whiskys aus aller Welt (über 300!).

118 [d5] **The Roger Room,** 370 N La Cienega Blvd., West Hollywood. „Speakeasy" (zu Prohibitionszeiten war hier ein heimlicher Alkoholausschank) mit kreativen Cocktails wie „Zucker und Zimt" oder „The Dame".

119 [i3] **Three Clubs Cocktail Lounge,** 1123 Vine St, Hollywood. Bekannt für Cocktails und als Filmkulisse. Regelmäßig Livemusik, Kabarett u. a. auf zwei Bühnen.

120 [C5] **The Varnish,** 118 E 6th St. Moderne Speakeasy-Bar in Downtown, kleiner Raum hinter dem Imbiss Cole's (s. S. 68), bekannt für die wohl besten Cocktails. Dunkel und mit spezieller Atmosphäre.

121 [i2] **Velvet Margarita Cantina,** 1612 Cahuenga Blvd. Optisch ist die Bar eine eigenartige Mischung aus Mexican-Gothic Style. Die Margaritas sind erstklassig und erschwinglich!

Pubs

124 [E4] **Angel City Brewery,** 216 S Alameda St., http://angelcitybrewery.com, Mo.-Do. 16-1, Fr./Sa. 12-2, So. 12-1 Uhr. 1997 gegründete Kleinbrauerei (mit Touren) und Bar im historischen John A. Roebling Building im Arts District. Ausgezeichnete Biere vom Fass!

125 [C6] **Los Angeles Biergarten,** 750 S Broadway. Gemütliche Downtown-Kneipe, in der es viele Microbrews von der Westküste gibt.

126 [e3] **The Surly Goat,** 7929 Santa Monica Blvd. Neighborhood-Bar in West Hollywood mit großer Bierauswahl, besonders empfehlenswert sind Eaglegoat Bock und Speakeasy Public Enemy Pils von der Eagle Rock Brewery (http://eaglerockbrewery.com).

Discos und Klubs

127 [i2] **Avalon,** 1735 Vine St., https://avalonhollywood.com. Megaklub mit über 1100 Plätzen, drei Bars und Raucherterrasse in einem höhlenartigen Theater von 1927. V. a. Dance/Techno, Electro, House, Pop, Top-DJs wie Sander Kleinenberg, Carl Cox, Erick Morillo, Booka Shade oder Dirty South ebenso wie Bands oder Tanzmusik. Gutes Soundsystem, sehr laut.

128 [A7] **Conga Room at L.A. LIVE,** 800 W Olympic Blvd., www.congaroom.com. Latino Stars Jimmy Smits, Jennifer Lopez und Sheila E. sind Besitzer dieses Latin-Musikklubs mit 1100 Plätzen und Restaurant. Verschiedene Musikrichtungen, u. a. Salsa.

129 [C5] **Exchange LA,** 618 S Spring St., http://exchangela.com. Klub in der ehemaligen Börse, der maßgeblich dafür gesorgt hat, dass es heute eine gute Klubszene in Downtown gibt.

Gastro- und Nightlife-Areale

Bläulich hervorgehobene Bereiche in den Karten kennzeichnen Gebiete mit einem dichten Angebot an Restaurants, Bars, Klubs, Discos etc.

130 [C4] **La Cita,** 336 S Hill St., 3rd-4th St., Downtown, www.lacitabar.com. Mexikanischer Klub der alten Schule mit Bar, Restaurant und Dancefloor sowie Outdoor Patio. DJ-Auftritte, Rock'n'Roll, Rock, Reggae, Electro und Merengue.

131 [C7] **Mayan Theatre,** 1038 S Hill St., www.clubmayan.com. Wie ein Maya-Tempel gestalteter Klub auf zwei Ebenen. In der Szene bekannt und beliebt.

132 [h2] **Sound Nightclub,** 1642 N Las Palmas Ave., www.soundnightclub.com. Newcomer in der Klubszene Hollywoods, beliebt bei Fans von House und Techno.

133 [c4] **The Abbey,** 692 N Robertson Blvd., WeHo, www.theabbeyweho.com. Bar und Restaurant mit mehreren Lounges und einem Außenbereich. The Abbey ist einer der angesagten Klubs der Stadt.

134 [dg] **The Echo,** 1822 Sunset Blvd., www.spacelandpresents.com/events/the-echo. Hipster-Klub in Echo Park, in dem Indie, Dub Reggae und Electronica dominieren, dazu Rock und Soul. Im Untergeschoss (Zugang: 1154 Glendale Blvd.): Echoplex – Reggae, Dub und Dance Hall Music. Beide Klubs sind chronisch voll und heiß.

Livemusik – Rock und Pop

135 [b3] **The Roxy Theatre,** 9009 Sunset Blvd., West Hollywood, www.theroxyonsunset.com. Legendärer Klub, in dem schon Bruce Springsteen und Guns N' Roses auftraten. Jetzt v. a. Metal, Punk, Indie, gelegentlich auch lokale Künstler. Bar und Restaurant.

136 [b5] **Troubadour,** 9081 Santa Monica Blvd., West Hollywood, www.troubadour.

com. Besteht seit 1957, Stars wie Randy Newman, Elton John, Tom Waits, Interpol und Franz Ferdinand begannen hier ihre Karrieren. Guter Sound und viel zu sehen.

137 [c3] **Whisky a go go,** 8901 W Sunset Blvd., West Hollywood. Der Klassiker der Hardrockszene. Die Doors, Janis Joplin oder Led Zeppelin standen hier schon auf der Bühne, www.whiskyagogo.com.

Livemusik – Jazz, Blues und Sonstiges

138 [h2] **Catalina Bar & Grill,** 6725 Sunset Blvd., www.catalinajazzclub.com. Tgl. mindestens eine Show am Abend, mit Bar und Restaurant. Eher modern-elegant und klein, bekannt für Jazz und Jazzfusion.

139 [Seite 43] **Harvelle's,** 1432 4th St., Santa Monica, www.harvelles.com. Tgl. Liveblues, gelegentlich auch Funk und Jazz in gemütlicher Bar-Lounge (eigene Martini-Karte!), an Wochenenden voll.

140 [cg] **The Mint,** 6010 West Pico Blvd., http://themintla.com. Legendärer Musikklub, in dem schon Stevie Wonder, Ray Charles oder Jackson Browne auftraten. Auch Restaurantbetrieb.

Theater und Konzerte

NoHo – North Hollywood – gilt als der größte kalifornische Theaterbezirk und ist bekannt für hochkarätige Produktionen und bekannte Broadway-Schauspieler. Über die Theaterszene informiert www.stagescenela.com.

Ensembles

- **L.A. Chamber Orchestra,** http://lamasterchorale.org. Kammermusikensemble, das auf verschiedenen Bühnen auftritt.
- **L.A. Master Chorale,** www.lamc.org. Aus rund 120 Mitgliedern bestehend, Okt.–Juni Auftritte in der Walt Disney Concert Hall 8.
- **L.A. Opera,** www.laopera.org. Auftritte im Dorothy Chandler Pavilion (s. S. 76).
- **L.A. Philharmonic,** www.laphil.com. Gegründet 1919, Okt.–Juni Konzerte in der Walt Disney Concert Hall 8, im Sommer in der Hollywood Bowl.
- **Center Theatre Group,** www.centertheatregroup.org. Führendes Theaterensemble, das im Mark Taper Forum und im Ahmanson Theatre (Music Center, www.musiccenter.org) auftritt.

015la Abb.: mb

Konzerthallen und Theater

141 [C7] **Belasco Theater,** 1050 S Hill St., Tel. 213 7465670, http://thebelasco.com. Das aus vielen Spielfilmen bekannte Haus wurde Anfang des 20. Jahrhunderts erbaut und dient als Vielzweck-Veranstaltungsort mit Restaurants, Bars und *ballroom.*

142 [bg] **Center for the Art of Performance UCLA/Royce Hall,** 340 Royce Dr., Tel. 310 8252101, http://cap.ucla.edu. Auf dem Unicampus gelegene legendäre Konzerthalle, vergleichbar der Carnegie Hall in New York.

143 [h2] **Dolby Theatre,** 6801 Hollywood Blvd., Tel. 323 3086300, www.dolbytheatre.com. Konzerte, Theater, Shows und Academy-Awards-Verleihung (s. S. 83) im ehemaligen Kodak Theatre.

144 [cf] **El Portal Theatre,** 5269 Lankershim Blvd., NoHo, Tel. 818 5084200, www.elportaltheatre.com. 360 Sitze in ehemaligem Kino, insgesamt drei Bühnen unterschiedlicher Größe, u. a. Heimatbühne der „Theatre Tribe".

145 [cf] **Ford Theatres,** 2580 Cahuenga Blvd. E., Tel. 323 4613673, www.fordtheatres.org. Ford Amphitheatre und (Inside) the Ford. Zweiteiliger Komplex aus Open-Air-Theater von 1920 (1245 Sitze) und kleinerer Bühne mit 87 Plätzen. Weltmusik, Jazz, Tanz, Film, Theater, Chöre und Kammermusik von Mai/Juni–Okt., außerdem Festivals wie Angel City Jazz Festival oder Hollywood Shorts (Kurzfilme). Auftrittsort kleinerer Ensembles.

146 [df] **Greek Theatre,** 2700 N Vermont Ave., www.lagreektheatre.com, Tel. 323 665 5857. Open-Air-Konzerte im Griffith Park.

147 [cf] **Hollywood Bowl,** 2301 N Highland Ave./US 101, Tel. 323 8502000, www.hollywoodbowl.com bzw. www.laphil.com. Mai–Sept. Open-Air-Veranstaltungen in den Hollywood Hills. Hier trat 1922 erstmals die L.A. Philharmonic auf, später die Beatles u. a. große Stars. 18.000 Plätze, Programm von Musical bis Livejazz und Film.

148 [j2] **Hollywood Palladium,** 6215 W Sunset Blvd., Tel. 323 9627600, www.thehollywoodpalladium.com. Seit 1940 treten hier große Künstler vor 4000 Fans auf.

149 [bh] **Kirk Douglas Theatre,** 9820 W Washington Blvd., Culver City, Tel. 213 6282772, www.centertheatregroup.org. Nur gut 300 Plätze, aber ein breites Spektrum und auch Weltpremieren von Theaterstücken und Musicals.

150 [A7] **Microsoft Theater at L.A. LIVE,** 777 Chick Hearn Court, Tel. 213

Ein mehrteiliger Komplex: das Music Center (s. S. 76)

EXTRAINFO

Klub-Know-how

Die Klubszene in L.A. kann insgesamt als **upscale,** als „(ab)gehoben", bezeichnet werden. Die Klubs sind meist sehr groß und beliebt sind „Saturday Night Parties". **Bottle service** ist verbreitet, was bedeutet, dass man, um einen Tisch zu bekommen, in vielen Klubs eine Flasche Alkohol zu überteuerten Preisen kaufen muss. Cocktailkultur („Mixology") wird groß geschrieben und die **Cocktailpreise** liegen in den Topklubs bei $ 20 aufwärts. **Türsteher, dress code, Gästelisten** und **Warteschlangen** sind Usus. Viele Klubs öffnen nicht vor 21/22 Uhr, die meisten schließen (zumindest werktags) um 2 Uhr. Alkohol darf nur bis dahin ausgeschenkt werden. In Topklubs fallen zudem hohe **Gebühren fürs Parken** ($ 10 aufwärts) an. Musikbühnen verlangen **cover fee** (Eintrittsgebühr, die manchmal mit Getränken verrechnet wird).

EXTRATIPP

Gratiskonzerte

24 [f7] **LACMA:** Jazz at LACMA, www.lacma.org/programs/music, Apr.–Nov. Fr. 18 Uhr im Innenhof, außerdem Mai–Sept. Sa. 17 Uhr Latin Sounds im Dorothy Collins Brown Amphitheatre und So. 18 Uhr „Sundays Live“ (klassische Konzerte) im Leo S Bing Theatre

10 [B4] **MOCA:** An mehreren Donnerstagabenden und Wochenenden zwischen Juni und August bleibt das Museum länger geöffnet und es treten DJs und Bands auf (MOCA Music).

› **Pershing Square Summer Concert Series,** Mitte Juli–Ende Aug. Gratislivemusik und Filmvorführungen am Abend sowie Summer Lunchtime Concert Series (www.laparks.org/pershingsquare).

› **Grand Performances,** Summer Concert Series on California Plaza, 350 S Grand Ave./4th St., Mitte Juni–Mitte Sept. meist Fr./Sa. kostenlose Veranstaltungen, Konzerte, Lesungen, Vorträge (www.grandperformances.org).

› **Twilight on The Pier,** Ende Juni–Anfang Sept. Sa. 19 Uhr Gratiskonzerte am Santa Monica Pier ((https://santamonicapier.org/twilight). Weltmusik.

› **„Plugged In“** auf dem Universal CityWalk (www.citywalkhollywood.com/events), Gratissommerkonzerte von jungen Bands (am Fr.) und bekannten Künstlern (Sa./So.)

› **Friday Night Music at The Market** (www.farmersmarketla.com/special_events/index.asp), Ende Mai–Ende Aug., Fr. 19–21 Uhr. V.a. Auftritte lokaler Musiker.

› **Weitere Infos:** http://dola.com/p/freesummerconcerts

7636030, www.microsofttheater.com. Bühne mit 7100 Sitzen und Bar, viel Rock und R&B.

151 [B3] **Music Center Theatres,** 135 N Grand Ave., Tel. 213 6282772, www.musiccenter.org. Haupt-Kultur- und Veranstaltungskomplex der Stadt mit **Ahmanson Theatre, Mark Taper Forum** (centertheatregroup.org), **Dorothy Chandler Pavilion, Walt Disney Concert Hall** 8 und **Redcat** (www.redcat.org).

152 [C6] **Orpheum,** 842 S Broadway, Tel. 1 877 6774386, http://.laorpheum.com. 1926 eröffnet, trat hier u. a. Judy Garland auf. Heute v. a. Rock- und Pop-Konzerte.

153 [C5] **Palace Theatre,** 630 S Broadway , http://palacedowntown.com. Konzerte und Filme in historischem Ambiente.

154 [j2] **Pantages Theatre,** 6233 Hollywood Blvd., Tel. 213 3353500, http://hollywoodpantages.com. Entertainmentpalast mit Broadway Musicals wie „Wicked“, auch beliebt für TV-Shows, Filme und Musikvideos.

155 **Pasadena Civic Auditorium,** 300 E Green St., Pasadena, Tel. 626 4497360, http://pasadenacivic.visitpasadena.com. Schöne Bühne von 1931 mit über 3000 Plätzen, Broadway Musicals, Ballett, Symphonien u. a.

› **Staples Center** (s. S. 115). Sporthalle und Konzertbühne in einem.

156 [A7] **The Novo @ L.A. LIVE,** 800 W Olympic Blvd., Tel. 213 7635483, www.thenovodtla.com. Aufstrebende Talente und bewährte Künstler treten vor bis zu 2300 Besuchern auf.

157 [a6] **Wallis Annenberg Center for the Performing Arts,** 9390 N Santa Monica Blvd., www.thewallis.org. Tanz, Schauspiel, Musical etc., außerdem finden hier Teile des LA Film Festival statt.

8 [B3] **Walt Disney Concert Hall.** Stammbühne der LA Philharmonic und Teil des Music Center.

Kino

Auf der Website www.filmradar.com gibt es das aktuelle Kinoprogramm. Kinos sind meist „Multiplexe".

20 [h2] **(Grauman's) Egyptian Theatre/ American Cinematheque.** Hier werden alte „Hollywoodschinken" gezeigt (www.americancinematheque.com).

158 [h2] **El Capitan Theatre,** 6838 Hollywood Blvd., https://elcapitantheatre.com. Theater von 1926, das heute als Kino fungiert.

159 [A7] **Regal Theatres,** 1000 W Olympic Blvd., www.regmovies.com. Topmoderner Kinokomplex mit zurückklappbaren Sitzen, Digitalprojektion und Super-Soundsystem.

18 [h2] **TCL Chinese 6 Theatres.** Zum Chinese Theatre gehöriger Kinokomplex (www.tclchinesetheatres.com).

Filmfestivals

- **Film Independent's – LA Film Fest** (www.lafilmfest.com). Über 200 *feature films,* Videos u. a. bei einem 10-tägiges Festival im Juni in Westwood.
- **Outfest** (www.outfest.org). Zehn Tage lang werden im Juli „schwule" Kurz- und Hauptfilme in zehn verschiedenen Kinos gezeigt.
- **Downtown Film Festival** (www.dtlaff.com, im Oktober), vergleichbar mit den Festivals in Cannes oder Berlin.
- **AFI Fest** (www.afi.com/afifest, 8 Tage im Nov.), 130 Filme aus 40 Ländern.
- **Last remaining Seats.** Klassische Filme in historischen Kinos am Broadway (www.laconservancy.org/last-remaining-seats, Juni).

Los Angeles für Shoppingfans

In L.A. geht man nicht einfach mal kurz von einem Laden zum nächsten bummeln und es ist auch nicht so einfach wie z. B. in New York oder San Francisco, von einem Stadtviertel ins andere zu gelangen. Auch Shopping muss in Los Angeles vorausgeplant werden und man kombiniert am besten Kultur und Sightseeing mit Einkaufen.

Einkaufsregionen

Downtown

5 [E4] **Arts District:** Das einstige Industriegebiet im Osten Downtowns zwischen Little Tokyo/Alameda St. und L.A. River sowie zwischen E 1st und Violet St. entwickelt sich zum angesagten Viertel, zur „City in the City" mit interessanten Bummelarealen wie ROW DTLA und At Mateo sowie dem Amusementkomplex Two Bit Circus (634 Mateo St., https://twobitcircus.com).

12 [B6] **Fashion District:** Verteilt auf 90 Blocks um 9th und Los Angeles St. (http://fashiondistrict.org) gibt es eine Vielzahl preiswerter Mode- und Accessoiregeschäfte.

- **Jewelry District** (www.gojewelrydistrict.com): Der „Juwelendistrikt" befindet sich

0751a Abb.: mb

Am Hollywood Boulevard [h-j2] gibt es alles, was das Herz begehrt

Shoppingareale
Die wichtigsten Shoppingbereiche der Stadt sind im Kartenmaterial mit einer rötlichen Fläche markiert.

EXTRAINFO

Mehrwertsteuer
Die **Sales Tax** in L.A. setzt sich aus der California State Rate (6 %), der County Rate (0,25 %) und einer L.A. Tax von 0 bis 0,5 % zusammen. Dazu kann eine Special Tax von 3,25 % anfallen. Im Großraum beträgt die Sales Tax 6,5 bis 10 %. In den zentralen Vierteln der Stadt beläuft sie sich meist auf 9,5 %, gelegentlich 10 %.

an der Hill St. (5th–8th St.) und südlich des Pershing Square, wo auch ein *farmers market* (s. S. 81) stattfindet. **St. Vincent Court** (7th St., Hill St.–Broadway) ist eine Einkaufsstraße mit Pariser Flair und orientalischen Cafés.

- 12 [B6] **The Bloc Downtown:** Mitten in Downtown ist ein neues Shopping- und Diningareal mit dem Kaufhaus Macy's, Wochenmarkt, Hotel Sheraton und einem Kino (Alamo Drafthouse Cinema) entstanden.
- 4 [D3] **Little Tokyo** (https://littletokyola.org): An der 1st St. und in mehreren Einkaufszentren wie Japanese Village Plaza (335 E 2nd St.), Little Tokyo Market Place (333 S Alameda St.) oder Weller Court (123 Onizuka St.) gibt es typisch japanische Shops und Lokale.

Westside

- 17 [h2] **Hollywood & Highland:** Modernes Shoppingcenter mitten in Hollywood, ringsum zahllose Souvenirläden mit weitgehend identischem Angebot.
- › **West Hollywood/Melrose Ave.** (https://melroseavenue-shop.com): Die „trendige Alternative" zum vornehmen Rodeo Drive. Zwischen San Vicente Blvd. und Fairfax Ave. gibt es trendige Avantgarde- und Secondhandmode, Boutiquen und Kunstgalerien sowie Antiquariate und schöne Cafés. In West Hollywood (www.visitwesthollywood.com), einer eigenen Stadt zwischen Beverly Hills und Hollywood, lohnen mit Boutiquen, Galerien und Lokalen außerdem Beverly Blvd. und Robertson Blvd., die zusammen mit der Melrose Ave. als **West Hollywood Design District** bekannt sind (https://westhollywooddesigndistrict.com).
- 28 [c3] **WeHo/Sunset Strip:** Zwischen La Cienega Blvd. und San Vicente Blvd. mit Zentrum um die **Sunset Plaza** – exklusive Läden, Lokale und Nachtklubs sowie das Shoppingcenter **8000 Sunset Strip** (www.thesunsetstrip.com).
- 29 [a7] **Beverly Hills: Golden Triangle** wird das Areal um **Rodeo** und **Beverly Drive** genannt.
- › **W 3rd St./Fairfax District:** Kleine Läden, ausgefallene Boutiquen und Cafés an der 3rd St. zwischen La Cienega und Crescent Heights Blvd. Am westlichen Ende: das Einkaufszentrum **Beverly Center** (s. S. 79), am östlichen **The Grove** (s. S. 79) und etwa in der Mitte der **L.A. Farmers Market** (s. S. 34). Der **Fairfax District** breitet sich zwischen 3rd St., Fairfax und Melrose Ave. aus.
- › **Third Street Promenade, Santa Monica:** Fußgängerzone zwischen Broadway und Wilshire Blvd. mit Läden und Lokalen (www.downtownsm.com).
- › **NoHo (North Hollywood) Arts District:** breit gestreutes Angebot an Galerien, Theatern, Boutiquen, Restaurants und Cafés (http://nohoartsdistrict.com) im San Bernadino Valley (nördlich Universal Studios), um die Kreuzung Lankershim/Magnolia Blvd. (Metro Rail Red Line „North Hollywood")
- › **Silver Lake:** Trendiges Viertel östlich von Hollywood mit Zentrum um die Kreuzung Silver Lake Blvd. und Sunset Blvd.

Shoppingtipps

Einkaufszentren

160 [dg] **At Mateo,** Mateo/Palmetto St., www.atmateo.com. Mitten im Arts District wurden fünf historische Lagerhäuser in ein Bummelareal mit Lokalen, Läden u. a. Einrichtungen umgestaltet.

161 [d6] **Beverly Center,** 8500 Beverly/La Cienega Blvd., 3rd St., West Hollywood, www.beverlycenter.com. Über 100 Shops, Restaurants, Kaufhäuser wie Bloomingdale's und Macy's, Boutiquen bekannter Designer und Kinokomplex.

162 [A6] **FIGat7th,** 735 S Figueroa St., www.figat7th.com. In diesem „Downtown Open Air Shopping & Dining Center" gibt es Läden und Imbissstände sowie Modenschauen, Kunstausstellungen u. a. Events.

163 [df] **Glendale Galleria,** N Central Ave./W Colorado St., Glendale, www.glendalegalleria.com. Rund 120 Shops und mehrere Kaufhäuser in parkähnlichem Ambiente in Downtown Glendale.

17 [h2] **Hollywood & Highland.** Hier gibt es bekannte Markenboutiquen.

164 [B6] **Macy's Plaza,** 750 W. 7th St. Filiale des bekannten Kaufhauses und angeschlossenes Einkaufszentrum The Bloc mit Imbiss und Läden wie Victoria's Secret oder Bath & Body Works.

165 **Ontario Mills,** 1 Mills Circle, Kreuzung I-10/I-15, www.simon.com/mall/ontario-mills. Gut 30 Min. von der Innenstadt entfernt, Richtung Osten in Ontario gelegene größte *Outlet Mall* Kaliforniens mit über 200 Stores – ideal für Schnäppchenjäger. Auch Shuttlebusse von großen Hotels.

166 [dh] **ROW DTLA,** 777 Alameda St., hwww.rowdtla.com. Zwischen 1917 und 1923 wurde entlang der Southern Pacific Railroad der L.A. Terminal Market errichtet. Mehrere Bauten gruppieren sich um einen zentralen Platz und in sie ziehen nun mehr und mehr Läden und Lokale ein. Neues Zentrum im derzeit angesagten Arts District für „food, fashion, creativity & innovation".

167 [Seite 43] **Santa Monica Place,** 395 Santa Monica Pl., 3rd Street Promenade. Vom Architekten Frank Gehry geplantes Einkaufszentrum (www.santamonicaplace.com), u. a. mit Bloomingdale's, Nordstrom, Boss und Burberry sowie tollem Ausblick vom *Dining Deck.*

168 [f6] **The Grove,** 189 The Grove Dr., 3rd St./Fairfax Ave., https://thegrovela.com. Über 50 Shops und Restaurants im Freien.

169 [bg] **Westfield Century City,** 10250 Santa Monica Blvd., Century Park W – Ave. of the Stars, Century City, www.westfield.com/centurycity. Über 200 Läden und Kaufhäuser wie Nordstrom, Bloomingdale's, Macy's, außerdem Eataly.

Mode und Accessoires

170 [d4] **Alexander McQueen,** 8379 Melrose Ave., West Hollywood. Schrille Boutique des Stardesigners mit Frauen- und Herrenmode der gehobenen Kategorie.

171 [h6] **American Rag,** 150 S. La Brea Ave. Lässige kalifornische „Kultkleidung", viele Jeans. Kleidung und Accessoires für Männer, Frauen und Kinder.

172 [Seite 43] **Cabaña,** 1511 Montana Ave., Santa Monica. Boutique mit Mode von Lilly Pulitzer für Girls jeden Alters.

173 [C6] **California Market Center (cmc),** www.californiamarketcenter.com, 110 E 9th St. Mit Buchladen zu Modethemen im EG. Kleidung von Mode-Studenten werden in Showrooms ausgestellt, am letzten Fr. im Monat ist zu „Sample Sales" die Öffentlichkeit zugelassen und der Run auf die Schnäppchen groß.

174 [C6] **Cooper Design Space,** 860 S Los Angeles St., www.cooperdesignspace.com. Designershops auf sechs Stockwerken. Verkauf nur zu bestimmten Zeiten.

0871a Abb.: LATCB

175 [B6] **FIDM Museum und Scholarship Store,** http://thefidmmuseumstore.org, 919 S Grand Ave. Accessoires aller Art, Schmuck, Handtaschen und Schnickschnack sowie Bücher, stark reduziert. Die Einnahmen werden für Studentenstipendien verwendet.

176 [d6] **Polkadots & Moonbeams,** 8367 W 3rd St. Zweigstelle bei Hausnummer 8381. In einem Shop gibt es Designerware, im anderen eine Mischung aus Vintage-Kleidung und Accessoires.

177 [D4] **Raggedy Threads,** 330 E 2nd St. „Vintage clothing" – bequem, erschwinglich und von jeder/m tragbar. Gelegentlich Events und Livemusik.

178 [e4] **RonRobinson Melrose,** 8118 Melrose Ave., West Hollywood. Concept Store mit verschiedenen Labels (Männer, Frauen, Wohnen etc.) unter einem Dach. Angeblich kaufen hier auch die Stars Designermode günstig ein (Filiale: 500 Broadway, Santa Monica).

179 [C7] **Santee Alley,** zw. Olympic Blvd.– 12th St., Maple Ave.–Santee St., www.thesanteealley.com. Eine Art Fußgängerzone und Basar mit reduzierter Kleidung, Schmuck und Spielwaren.

180 [c5] **Stella McCartney,** 8823 Beverly Blvd., West Hollywood. Kleidung, Handtaschen, Modeschmuck, Brillen u. a. kreiert von der Beatles-Tochter.

Bücher und Musik

181 [i2] **Amoeba Music,** 6400 W Sunset Blvd. Schallplatten und über eine halbe Million CDs, DVDs und Videos, dazu Liveauftritte von Bands.

182 [c3] **Book Soup,** 8818 Sunset Blvd., West Hollywood, www.booksoup.com. Ein gemütlicher großer Buchladen, in dem auch literarische Events stattfinden.

183 [dg] **Secret Headquarters Comics,** 3817 Sunset Blvd., http://thesecretheadquarters.com. Dieser Laden in Silver Lake ist ein Paradies für Freunde von Comics und Graphic Novels.

184 [C5] **The Last Bookstore,** 453 S Spring St. (Metro Red/Purple Line, „Pershing Square"), http://lastbookstorela.com, So.–Do. 10–22, Fr./Sa. bis 23 Uhr. Größter Buchladen Kaliforniens mit 250.000 neuen/gebrauchten Büchern, 2005 gegründet, heute im Spring Arts Tower zu Hause. Außer Büchern auch Schallplatten, Graphic Novels u. a. Im Zwischengeschoss: Labyrinth Above the Last Bookstore, Gather Yarn Shop und Spring Arts Collective Gallery Shops.

Lebensmittel

185 [g3] **BevMo!,** 7100 Santa Monica Blvd., West Hollywood. Hervorragend sortierter Getränkeladen mit Sonderangeboten. Teil einer Mall mit Läden und Büro des CAA (Automobilklub).

186 [g7] **La Brea Bakery,** 624 S La Brea Ave. Laden mit tollen Broten und großartigem Gebäck, Sandwiches und Torten.

187 [B6] **Ralph's,** 645 W 9th St. Günstig in Downtown gelegener Supermarkt mit breitem Sortiment an Frischwaren, Weinen sowie Imbiss.

188 [dg] **Yummy,** 3607 Sunset Blvd. Neighborhood Market mit großem Angebot an lokalen, Bio-Produkten.

The Last Bookstore: Kaliforniens größter unabhängiger Buchladen

Wochenmärkte

Am bekanntesten sind der **L.A. Farmers Market** (s. S. 34) und der **Grand Central Market** 11. An bestimmten Wochentagen, vielfach allerdings nicht im Winter, finden weitere Wochenmärkte statt, u. a.:

- 189 [B4] **Bank of America Farmers' Market,** 333 S Hope St./Bank of America Plaza, Fr. 10–14 Uhr
- 190 [a6] **Beverly Hills Farmers' Market,** Civic Center Dr., 9300er-Block, So. 9–13 Uhr
- 191 [D7] **City Market South,** E 11th St./ San Julian St., www.citymarketsouth.com. Der älteste Großmarkt in Los Angeles (1909), bestehend aus mehreren Gebäuden um einen zentralen Platz, wird jetzt gemischt genutzt.
- › **FIGat7th Farmers Market** (s. S. 79), Do. 10–14 Uhr.
- 192 [i2] **Hollywood Farmers' Market,** Ivar & Selma Ave., Hollywood Blvd.–Sunset Blvd., So. 8–13 Uhr
- 193 [C5] **Pershing Square Farmers Market,** 532 S Olive St., Mi. 10–14 Uhr. Gut zum Einkaufen und für einen Imbiss.
- 194 [ef] **Rose Bowl Flea Market,** jeden zweiten So. im Monat, 9–16.30 Uhr, $ 9 (ab 15 Uhr frei)
- › **Smorgasburg,** 787 S Alameda St., http://la.smorgasburg.com, So. 10–16 Uhr. Auf dem Areal von ROW DTLA (s. S. 79) wird die aus New York bekannte Mischung aus Floh- und Gourmetmarkt veranstaltet. Unter der Woche findet der 7th Street Produce Market (Obst- und Gemüse-Großmarkt) statt.
- › **Weitere Märkte** siehe www.rawinspiration.org/locations.html

Verschiedenes

- 195 [D3] **Anzen Hardware,** 309 E 1st St. Japanladen, der seit 1949 besteht. U. a. Werkzeuge und Messer, Haushaltswaren und Kochutensilien sowie Bonsaizubehör.
- 196 [g3] **High Voltage Tattoo,** 1259 N La Brea Ave., West Hollywood. Kat Von D's Tattoo Shop, in dem es außer kunstvollen Tattoos auch T-Shirts, Accessoires und Poster gibt.

Los Angeles zum Träumen und Entspannen

Ein rund 130 km langer Küstenstreifen am Pazifik nördlich und südlich der City – nichts als Sonne, Strand und Meer. Hier sind nicht nur Surfer, Beachboys und -girls zu Hause, hier herrscht dank des sommerlichen Klimas das ganze Jahre über Ferienstimmung. Dennoch hat L.A. zum Erholen mehr zu bieten als Strand und Meer: Parks, Gärten und Naturschutzgebiete machen aus der Metropole ein grünes Paradies.

Man glaubt es kaum, aber mit dem 1660 ha großen **Griffith Park** 37 verfügt L.A. über einen der größten Stadtparks weltweit. Er bietet vielerlei Möglichkeiten für Aktive – von Wander-, Rad- und Reitpfaden über Tennis- und Golfplätze bis hin zu verschiedensten Sport- und Spielflächen sowie Picknickplätzen –, ist aber auch ideal für Erholungssuchende. Allein die traumhafte Aussicht vom **Griffith Observatory** lässt einen hier oben sitzend schnell die Zeit und den Trubel ringsum vergessen.

Die **Huntington Library, Art Collections, and Botanical Gardens** 40 in Pasadena sind auch für Bibliophile und Kunstfreunde ein wahrer Genuss, v.a. handelt es sich aber um eine grüne Erholungsoase mit hohem botanischem Anspruch und Erholungswert.

Eine wenig bekannte Ruheoase mit fantastischem Ausblick versteckt sich in den Hügeln von Beverly Hills: der **Greystone Park** um die **Greystone Mansion.** Die 1928 von einem Ölbaron im Tudorstil erbaute Villa steht unter Denkmalschutz und ist nur zu besonderen Anlässen geöffnet, der sie umgebende, weitläufige Park ist jedoch frei zugänglich. Villa und Park dienten mehrfach als Filmkulisse (u.a. in Bodyguard, Batman, Spider-Man, The Muppets).

★197 [a3] **Greystone Park**, 905 Loma Vista Dr., Beverly Hills, www.greystonemansion.org, tgl. 10–17 Uhr, Eintritt frei.

Der **Exposition Park** (s. S. 22) besticht einerseits durch sein Kulturangebot mit ScienCenter ⓯ und Natural History Museum ⓮ sowie vielerlei Events, es gehören aber auch ein Park und ein sehr schöner Rosengarten dazu. Vor oder nach dem Besuch der La Brea Tar Pits ㉕ und dem zugehörigen Museum eignet sich auch der **Hancock Park** (s. S. 34) am Wilshire Blvd. gut für eine Ruhepause.

Die **Pazifikstrände** zwischen Malibu und Huntington Beach sind in der Regel zwischen 8 Uhr und Sonnenuntergang (bzw. max. 22 Uhr) geöffnet, vielfach werden danach die Parkplätze gesperrt und Lärmen ist untersagt. Oft gibt es Verleihstationen für Skates, Surfboards und Bälle, manchmal auch Kioske, Duschen und WCs. *Lifeguards* (Rettungsschwimmer) sind in der Hauptsaison im Dienst. Hier ein paar Tipps:

★198 [bj] **Hermosa Beach:** Pier Plaza als Platz zum Ausspannen mit Surfshops, Cafés und Restaurants

★199 **Huntington Beach:** der Hauptstrand der Surfer, weniger übervölkert als Surfrider Beach

★200 [bj] **Manhattan Beach:** vielerlei Aktivitäten, sauberer Sandstrand und Volleyball Open im August

★201 [Seite 43] **Santa Monica Beach,** nördlich des Santa Monica Pier: ein gut 3 km langer Sandstrand, Schwimmen und Sonnen, Inlineskaten oder Fahrrad fahren, aber auch *people watching*

★202 **Surfrider Beach,** Malibu: Strand der *surf subculture,* mit Lagune und *bird sanctuary* (Vogelschutzgebiet)

㉟ [ah] **Venice Beach:** am Venice Ocean Front Walk Leute beobachten oder Skaten und Radfahren, mit Spielfeldern und Fitness („Muscle Beach“)

Im Venice Skatepark ist Inlineskaten eine Lebensphilosophie

092la Abb.: mb

Zur richtigen Zeit am richtigen Ort

Eigentlich ist man in Los Angeles immer „zur richtigen Zeit am richtigen Ort“, denn im Großraum ist das ganze Jahr über etwas los. Begünstigt wird dieser Umstand dadurch, dass die „Stadt der Engel“ die Sonne gepachtet zu haben scheint. Dennoch kann es nicht schaden, die Daten der bedeutendsten Events zu kennen.

Frühjahr

- Anfang Januar: **Golden Globe Awards,** im Beverly Hilton Hotel am Wilshire Blvd. (www.goldenglobes.org)
- Ende Februar: An einem Sonntag werden im Dolby Theatre die **Academy Awards (Oscars)** verliehen (www.oscars.org).
- Ende Januar/1. Hälfte Februar (das Fest richtet sich nach dem chinesischen Mondkalender): **Golden Dragon Parade.** Umzug mit großem Drachen entlang dem N Broadway in Chinatown zur Feier des **Chinese New Year** (www.lagolden dragonparade.com, http://chinatownla.com/wp1).
- März: **Los Angeles Marathon.** Start am Dodger Stadium, durch Downtown, Hollywood und die Westside nach Santa Monica. 24.000 Läufer aus aller Welt, Veranstaltungen und Street Performances (www.lamarathon.com).
- Mitte April: **Santa Clarita Cowboy Festival** (http://cowboyfestival.org) auf Gene Autrys Melody Ranch/Motion Picture Studio in Newhall. Mit „Walk of Western Stars Gala“, Reiten, Cowboy Fashion Show, Cowboy Comedy und Poetry.
- Ende April: **Daytime Emmys.** Verleihung der „Oscars“ für TV-Stars in den Bereichen Nachrichten, Sport, Talkshows etc. durch die 1955 gegründete National Academy of Television Arts and Sciences im Dolby Theatre (https://emmyonline.tv/daytime-emmy-awards.
- 5. Mai: **Fiesta Broadway/Cinco de Mayo** (www.fiestabroadway.la), Broadway/Main St., E César E. Chávez Ave.–11th St., Downtown. Mit bis zu einer halben Mio. Teilnehmern weltweit größtes Fest zum mexikanischen Unabhängigkeitstag.
- Ende April/Anfang Mai: **UCLA Pow Wow.** Zwei Tage dauerndes Indianerfest mit Gesangs-, Tanz-, Trommel- u. a. Wettbewerben auf dem UCLA Main Campus (www.americanindianstudies.ucla.edu/event/33rd-annual-ucla-pow-wow).
- Ende Mai (Memorial Day Weekend): **UCLA JazzReggae Festival** auf dem Uni-Campus mit hochkarätigem Livejazz und Reggae (www.jazzreggaefest.com)

Sommer

- 2. Junihälfte: **Mariachi USA Festival** in Hollywood. Wettbewerb der Spitzen-Mariachi-Bands aus den USA und Mexiko in der Hollywood Bowl (www.mariachi usa.com).

EXTRAINFO

Aktuelle Termine

Für weitere Informationen zu aktuellen Veranstaltungen eignen sich:

- **L.A. Times,** am Wochenende in der „Calendar“-Sektion bzw. www.latimes.com/entertainment
- **www.laweekly.com/calendar** – Kalender von „LA Weekly“ mit aktuellen Hinweisen zu Konzerten, Film, Theater, Museen u. a. Veranstaltungen
- **www.discoverlosangeles.com/what-to-do/events** – Kultur- und Eventkalender von Discover Los Angeles, mit Suchfunktion
- **Cultural Guide L.A.,** Magazin und Website zur Kulturszene der Stadt: https://culturela.org

- 1. Junihälfte: **Playboy Jazz Festival** in der Hollywood Bowl. Große Showmaster und Entertainer treten an einem Wochenende auf (www.hollywoodbowl.com).
- 2. Junihälfte: **Los Angeles Film Festival.** Zehn Tage geht es in verschiedenen Kinos um den unabhängigen Film (www.filmindependent.org/la-film-festival).
- 4. Juli: **Independence Day.** Feuerwerke an verschiedenen Orten – Hollywood Bowl, Venice Beach, Rose Bowl und Diesneyland sowie Huntington Beach.
- Ende Juli/Anfang August: **US Open of Surfing,** Huntington Beach Pier, Main St./Pacific Coast Hwy. Über 200.000 Teilnehmer, Livebands, Sports Expo und Partys (www.vansusopenofsurfing.com).
- Mitte August: **Nisei Week Japanese Festival** in Little Tokyo. Achttägiges japanisches Kulturfest mit Vorführungen (www.niseiweek.org).
- Mitte Sept.: **Primetime Emmys.** Im Microsoft Theater im L.A. LIVE Downtown werden die Gewinner der TV-Nightshows ausgezeichnet (www.emmys.com/awards).

Herbst

- September: **L.A. County Fair,** Pomona County Fairplex, W McKinley/N White Ave., Pomona. Seit 1922 stattfindende landwirtschaftliche Messe mit Weinproben, Ausstellungen und Konzerten (www.lacountyfair.com).
- Ende September: **Herbalife Triathlon Los Angeles.** Weltklasse-Event am Torrance Beach (http://latriathlon.com).
- Ende Sept.–Mitte Okt.: **Angel City Jazz Fest,** http://angelcityjazz.com. Jazz an verschiedenen Orten der Stadt.
- 31. Oktober: **West Hollywood Halloween Carnaval,** Santa Monica Blvd., La Cienega Blvd.–Doheny Dr. 400.000 Teilnehmer, DJs, Bands, Kostüm- und Drag-Queen-Wettbewerbe etc. (www.visitwesthollywood.com/halloween-carnaval).

Winter

- Sonntag nach Thanksgiving (letzter Do. im Nov.): **Hollywood Christmas Parade** ab Chinese Theatre, Hollywood Blvd., südwärts zur Van Ness Ave., dann entlang dem Sunset Blvd. Seit 1928 unter dem Motto „Here comes Santa Claus" (von Gene Autry) stattfindender Umzug mit Wagen, Classic Cars, Kamelen, Fußtruppen und Marching Bands (http://thehollywoodchristmasparade.org).
- 1. Januar: **Tournament of Roses/Rose Parade,** Pasadena, S Orange Grove Blvd./Ellis St. Seit 1890 stattfindende Parade mit Musik und blumengeschmückten Wagen im Beisein von über 1 Mio. Zuschauern. Anschließend College-Football-Spiel um den „Rose Bowl" (https://tournamentofroses.com).

Feiertage

In den USA werden wegen die vergleichsweise wenigen Urlaubs- und Feiertage gern auf einen Montag oder Freitag gelegt. Die Feriensaison dauert landesweit von Memorial bis Labor Day.

- 1. Januar: **New Year's Day**
- 3. Montag im Januar: **Martin Luther King's Birthday**
- 3. Montag im Februar: **President's Day** (Washington's Birthday)
- Ende März/Anfang April: **Easter Sunday** (Ostersonntag)
- 22. Mai: **Harvey Milk Day** (kalifornischer Feiertag)
- Letzter Montag im Mai: **Memorial Day**
- 4. Juli: **Independence Day**
- 1. Montag im September: **Labor Day**
- 2. Montag im Oktober: **Columbus Day**
- 11. November: **Veterans Day**
- 4. Donnerstag im November: **Thanksgiving Day**
- 25. Dezember: **Christmas Day**

LOS ANGELES VERSTEHEN

002la Abb.: CA Tourism-AA

„On my Way to L.A." – mit seinem noch heute gern gespielten Hit brachte Phil Carmen, ein Schweizer Musiker mit kanadischen Wurzeln, 1985 den Traum vieler auf den Punkt. Die Stadt zieht seit Jahrhunderten Menschen magisch an und ist eine der multikulturellsten der Welt. Andererseits ist in der Metropole vieles nur „fake", Täuschung oder Schein, und der gute Eindruck, Sehen und Gesehenwerden sind alles in L.A. ...

Los Angeles – ein Porträt

L.A. ist keine Stadt, zumindest keine im eigentlichen Sinne, sondern ein Konglomerat aus verschiedenen Gemeinden, Städten und „neighborhoods" (Stadtvierteln), aus unterschiedlichsten Ethnien und Gesellschaftsgruppen. Es gibt nicht wie in anderen Städten ein dominantes Zentrum, sondern vielmehr zahlreiche gleichwertige Viertel wie Downtown und Hollywood als bekannteste.

Dabei sind viele Viertel nicht – wie in New York oder San Francisco – allein von einer Ethnie geprägt. Es gibt einige relativ homogene *neighborhoods* wie Little Tokyo, Chinatown oder Little Korea, andererseits aber auch viele stark durchmischte. South L.A., einst berühmt-berüchtigtes afroamerikanisches Elendsviertel, erlebte auch aufgrund des anhaltenden Zuzugs lateinamerikanisch-mexikanischer Angelenos einen völligen Wandel. East L.A. ist also längst nicht mehr das einzige „Mexikanerviertel". Der Spanisch sprechende Anteil an Menschen macht in L.A. mittlerweile insgesamt fast die Hälfte der Bevölkerung aus. Nur die Westside, wo die noblen Viertel und Gemeinden liegen, ist großteils noch in „weißer", nicht-hispanischer Hand.

Wie viele **Menschen** wirklich im Großraum Los Angeles leben, weiß niemand so genau, es hängt auch davon ab, wie man diesen definiert. Zumeist ist damit die **Five-County Area**, der Zusammenschluss von fünf Landkreisen – Los Angeles, Riverside, Ventura, Orange und San Bernardino County – gemeint, der insgesamt eine Fläche von etwa 87.500 km² und um die 200 Gemeinden und Städte umfasst. Die Schätzungen belaufen sich dafür auf etwa 19 Mio. Einwohner.

Das **Los Angeles County** gilt mit seinen 88 Städten und Gemeinden sowie über 10 Mio. Einwohnern als be-

◁ *Vorseite: Heute schlägt das Herz der Stadt wieder in Downtown*

KURZ & KNAPP

Die Stadt in Zahlen

- **Gründung:** 4. September 1781
- **Stadtfläche:** ca. 10300 km² (City of L.A.), 87.500 km² (Greater L.A.)
- **Einwohner:** ca. 4 Mio. (City of L.A.), Großraum etwa 19 Mio.
- **Bevölkerungsdichte:** knapp 3300 EW/km²
- **Höchster Punkt:** 93 m über NN
- **Spitzname:** City of Angels

völkerungsreichster Landkreis in den gesamten Vereinigten Staaten. Anders als in Chicago oder NYC muss sich der Bürgermeister von L.A. Macht und Aufgaben mit dem L.A. County teilen. Dementgegen wirkt die **City of Los Angeles** mit ihren etwa 4 Mio. Bewohnern eher klein – und ist dennoch nach New York die zweitgrößte US-Metropole. Die Stadt selbst besteht aus unzähligen *districts* und *neighborhoods* – z. B. Pacific Palisades, Brentwood, Hollywood, kurioserweise aber nicht West Hollywood (eigene Stadt) – und erstreckt sich von den Ausläufern der Santa Monica Mountains im Norden bis an den Pazifik im Westen und Süden auf vergleichsweise bescheidenen 1300 km² Fläche.

Vereinfachend könnte man die **Geografie** so beschreiben: Im Westen Wasser, im Osten Wüste. Beim Großraum von L.A. handelt es sich um ein Wüstenbecken, eine Ausbuchtung der **Mojave-Wüste**, die sich bis Las Vegas erstreckt. Gerahmt von den Santa Monica Mountains im Nordwesten, den San Gabriel Mountains im Nordosten und den Santa Ana Mountains im Südosten, setzt im Westen der Pazifik dem Städtewachs-

EXTRAINFO

Föhn in L.A.

Die **Santa-Ana-Winde** sind berühmt-berüchtigt. Sie entstehen v. a. von September bis März bei steigendem Luftdruck im östlichen Great Basin und nehmen auf ihrem Weg Richtung L.A. an Hitze und Trockenheit zu. Sie erreichen Geschwindigkeiten von bis zu 140 km/h und sind bei den Angelenos wegen der Waldbrände, die sie anfachen, als „devil winds" gefürchtet – aber auch wegen der Stimmungsschwankungen, die sie angeblich hervorrufen, vergleichbar mit dem bayerischen Föhn. Schon Raymond Chandler beschrieb in „Red Wind" die „Santa Anas" als „those hot dry (winds) that come down through the mountain passes and curl your hair and make your nerves jump and your skin itch (...) Anything can happen!"

Zwei der Zentren von L.A.: vorne Century City, hinten Downtown

019la Abb.: mb

tum Grenzen. Er verhilft dem Großraum zu rund 120 km Küstenlinie und einer ununterbrochenen Kette von Stränden zwischen Malibu und Long Beach. Die Berge mussten sich längst dem Siedlungsdruck beugen. Immer mehr Besserverdienende zogen und ziehen in die Bergtäler und gehen das Risiko von Waldbränden, Erdrutschen und Wasserknappheit ein.

Grund für die **Erdbeben** sind die Malibu Coast Fault und die etwas weiter östlich L.A. verlaufende San Andreas Fault, dazu kommen mindestens 20 Nebenfalten im Großraum L.A. Das letzte große Erdbeben war 1994 das Northridge Earthquake mit einer Stärke von 6,7 auf der Richterskala.

Von den Anfängen bis zur Gegenwart

Als „Utopie vom Paradies“ – so stellten sich die ersten nichtspanischen Siedler die Besiedelung der Region vor. Man dachte an idyllische kleine Orte, umgeben von Orangenhainen und Gemüsefeldern, doch Ölfunde und die Bevölkerungsexplosion in den 1920er-Jahren und nach dem Zweiten Weltkrieg machten diesen Traum zunichte.

Wie viele Gemeinden Kaliforniens geht auch L.A. auf eine **spanische Missionsstation** zurück. 1771 war „San Gabriel“ gegründet worden und zehn Jahre später legten spanische Siedler den Grundstein für **El Pueblo de Nuestra Senora La Reina de Los Angeles.** Lange Zeit ein staubiges Nest am Ende eines alten Trails aus dem Südwesten und bevölkert von zwielichtigen Gestalten, trat erst ein Wandel ein, als 1885 die Atchison, Topeka & Santa Fe Railroad Company ihre südliche Transkontinental-Bahnlinie hier enden ließ. 1892 war ein gewisser Edward Doheny auf dem Salt Lake Field in West Park erstmals auf **Öl** gestoßen. Bohrtürme schossen wie Pilze aus dem Boden, Pipelines wurden gelegt und die Stadt wurde plötzlich bedeutend.

Als man 1913 mit einem Aquädukt das ständig über der Stadt schwebende Schreckgespenst der Wassernot in den Griff bekommen hatte, ging es weiter bergauf. Anfang des 20. Jh. gab die **Filmindustrie** ihr Debut. Sie machte sich die idealen klimatischen Bedingungen in Südkalifornien zunutze und L.A. entwickelte sich zum **Entertainment Capital of the World.** Aus dem staubigen mexikanischen Kaff war eine Weltmetropole geworden, die bereits zweimal **Olympische Sommerspiele** ausrichtete. 2028 wird sie sogar ein drittes Mal zum Veranstaltungsort der Sommerolympiade.

1542: Juan Rodríguez Cabrillo, portugiesischer Seefahrer in spanischen Diensten, erforscht die kalifornische Küste bis Santa Monica. Er geht nennt das Land „Alta California“.

1579: Der englische Seefahrer Francis Drake nimmt Kalifornien als „New Albion“ für England in Besitz.

1769: Alarmiert vom Vorrücken russischer Pelzhändler von Alaska nach Kalifornien starten die Spanier mit dem Offizier Gaspar de Portolá und dem Franziskanerpater Junípero Serra die Inbesitznahme von „Alta California“. San Diego de Alcala wird als erste Militärbasis und Missionsstation gegründet, bis 1823 folgen entlang dem 800 km langen Camino Real, dem „Königsweg“ zwischen Sonoma im Norden und San Diego im Süden, 21 weitere Missionen und Presidios (Militärstützpunkte).

1771 wird die Mission San Gabriel im Nordosten von L.A. gegründet.

4. Sept. 1781: Gründungsdatum der Stadt. An der heutigen Olvera Street entsteht **El Pueblo de Nuestra Senora la Reina de Los Angeles de Porciúncula.**

27. Sept. 1821: Mexiko wird „Unabhängige Republik", California ist eine Provinz.

1846–1848: Amerikanisch-mexikanischer Krieg. Am **13. August 1846** nehmen US-Soldaten das Pueblo kampflos ein. Mexiko verliert nach dem Friedensschluss alle Gebiete nördlich des Gila River. Aus ihnen entstehen später die Bundesstaaten Kalifornien, Arizona, New Mexico, Nevada und Utah.

24. Jan. 1848: Der Goldfund von James Marshall in Coloma bei Sacramento initiiert einen Goldrausch ungeahnten Ausmaßes.

9. Sept. 1850: Aufnahme Kaliforniens als 31. Bundesstaat in die Union.

1858–1861: Die Butterfield-Overland-Postkutschenlinie verbindet El Paso (Texas) mit L.A.

1883: Die Southern Pacific Railroad als zweite transkontinentale Eisenbahnstrecke bringt New Orleans und L.A. zusammen. **1885** folgt die Santa Fe Railway zwischen L.A. und Chicago. Die vormals 10.000 Einwohner zählende Stadt wächst rapide an und erlebt einen wirtschaftlichen Aufschwung.

1892: Ölfunde auf dem Salt Lake Field in West Park, L.A.

1905: Der Ingenieur William Mulholland beginnt mit dem Bau eines Aquädukts, der Trinkwasser über rund 375 km von der Sierra Nevada nach L.A. bringt. Er wird **1913** eröffnet.

1908: Erste Filmarbeiten an der Westküste. Francis Boggs dreht eine Szene des „Grafen von Monte Cristo" in L.A. und **1910** produziert Regisseur D. W. Griffith der Stummfilm „In Old California" hier.

1910: Hollywood wird Stadtteil von L.A.

1912 gründet Carl Laemmle die „Universal Film Manufacturing Company" (Universal Studios).

1910–1930: Expansion, Immobilienspekulation und drei Industrien – Öl, Flugzeugbau und Film – sorgen für Aufschwung. Um 1930 ist die Einwohnerzahl auf 235.000 gestiegen.

1929: Der Arroyo Seco Parkway (Pasadena Freeway) entsteht als erste mehrspurige Straße und läutet das „Autozeitalter" ein.

1931–1940: Der „Dust Bowl" veranlasst die verarmte Landbevölkerung aus Oklahoma, Kansas und Arkansas, nach Kalifornien zu wandern, um dort, wie es Steinbeck in „Früchte des Zorns" beschreibt, einen Neuanfang zu wagen.

1932: X. Olympische Sommerspiele in L.A.

1955: Eröffnung des weltweit ersten Vergnügungsparks „Disneyland" in Anaheim.

1965: Während der Watts Riots kommt es zu Rassenunruhen mit vielen Toten im Stadtteil Watts.

1967: Im Zuge des „Summer of Love" in San Francisco entwickelt sich der Sunset Strip von L.A. zum neuen Flowerpower- und Hippie-Treff.

1970er-Jahre: Zeit der Rassenkonflikte aufgrund der Zuwanderungsströme aus Mexiko, dazu viele Immigranten aus Korea, von den Philippinen, aus Taiwan und Hongkong. Handel und Textilindustrie boomen.

1973–1993: Tom Bradley wird als erster Afroamerikaner Bürgermeister und bleibt fünf Wahlperioden lang im Amt.

1984: XXIII. Olympische Sommerspiele, zum ersten Mal privat finanziert.

1992: Urteil im Rodney-King-Prozess – vier Polizisten, die einen schwarzen Motorradfahrer schwer misshandelt hatten, werden freigesprochen. Rassenkrawalle und bürgerkriegsähnliche Zustände haben den Tod von 50 Menschen und 1000 zerstörte Gebäude zur Folge.

17. Jan. 1994: Beim Northridge Earthquake, Stärke 6,7 auf der Richterskala, sterben 70 Menschen und es gibt zahllose Verletzte und große Schäden.

020la Abb.: LATCB/Michele & Tom Grimm

1995: O.J. Simpson, ein berühmter Ex-Footballer, wird angeklagt, seine Ex-Frau und deren Bekannten ermordet zu haben. Es kommt erneut zu Unruhen.

23. Okt. 2003: Die Walt Disney Concert Hall wird eingeweiht und forciert das Revival der Innenstadt.

17. Mai 2005: Wahl Antonio R. Villaraigosas zum 41. Bürgermeister. Er tritt am 1. Juli 2005 als erster mexikanisch-stämmiger Angeleno das Amt an.

2007 wird der Aktionsplan „GREEN LA" ins Leben gerufen und man schließt sich freiwillig dem Kyoto-Protokoll an.

Dez. 2008: L.A. LIVE (13) mit dem Grammy Museum eröffnet in Downtown.

2009: Wiederwahl von Bürgermeister Villaraigosa

Am **25. Juni 2009** stirbt Michael Jackson in seiner Villa in Beverly Hills.

6. April 2010: Papst Benedikt XVI. ernennt den in Mexiko geborenen José Gómez zum neuen Erzbischof von L.A. Gómez ist der erste aus Lateinamerika stammende Kardinal in den USA.

April–Juni 2012: Mit der Expo Line geht die sechste Schnellbahnlinie der Stadt in Betrieb. Sie verbindet Downtown mit dem Expo Park und Culver City im Westen und endet in Santa Monica.

Mai 2013: Bürgermeister-Neuwahlen. Villaraigosa tritt nicht mehr an. Der Demokrat Eric Garcetti – mit mexikanischen und jüdischen Wurzeln – gewinnt.

September 2015: Eröffnung des neuen Museums The BROAD

2015/2016: 30. Saison der L.A. Opera

2017: Garcetti wird für eine zweite Amtszeit wiedergewählt.

2018/2019: Die Los Angeles Philharmonic feiert ihren 100. Geburtstag.

2020: Das LA Stadium in Inglewood, die neue Heimat der beiden NFL-Teams Rams und Chargers (American Football), wird eröffnet.

2028: Zum dritten Mal finden Olympische Sommerspiele in L.A. statt.

Leben in der Stadt

Los Angeles steht synonym für Freeways und Autos, Freiheit und Toleranz, Strände und Stars, Schöne und Reiche. Es ist eine Stadt, die eigentlich keine Stadt ist, es gibt einen Fluss, der nirgends zu sehen ist, und hier leben Leute, denen man nicht ansieht, wie reich sie sind oder was sie arbeiten. Selbst Kellnerinnen oder Verkäuferinnen gönnen sich ein Facelift und Manager und Stars laufen in zerrissenen Jeans und Schlabbershirts herum.

Das Leben in L.A. ist ungewöhnlich und allein die Größendimensionen machen eine andere Sichtweise notwendig. Während noch vor einigen Jahren kaum jemand die Innenstadt kannte, geschweige denn dort wohnte, ist dank L.A. LIVE, der Disney Concert Hall, neuer Hotels und Apartmenthäuser, Bars und Lokale, mehrerer Museen und einer attraktiven Skyline heute im Stadtzentrum einiges geboten.

L.A. war 1932 und 1984 Austragungsort Olympischer Sommerspiele und wird es 2028 erneut sein

Wirtschaft und Tourismus

„That's So LA" war der Name einer Marketingkampagne des Los Angeles Tourism & Convention Board. Beteiligt waren u. a. Basketballstar Kobe Bryant und andere Persönlichkeiten wie Tom Hanks oder Rita Wilson, Lauren Conrad oder David Beckham. Tourismus ist immerhin nach dem internationalen Handel der zweitgrößte Wirtschaftsfaktor. Der **Fremdenverkehr** sorgt für mehr als eine halbe Million Arbeitsplätze. 2017 kamen 48,3 Mio. Besucher in die Stadt, davon 7,1 Mio. internationale Gäste. An Gästen aus Übersee stehen die Chinesen ganz vorn, gefolgt von Kanadiern, Südkoreanern, Briten, Australiern, Franzosen, Japanern und Deutschen. L.A. gehört damit zusammen mit New York, Orlando, Miami und San Francisco zu den Top-Städtereisezielen.

In Sachen **Import/Export** bekleidet L.A. den ersten Rang in den USA, der **Hafen L.A.-Long Beach** zählt zu den größten der Welt und ist der größte Amerikas. Ebenfalls ein wichtiger Arbeitgeber ist der **Flughafen LAX**, mit fast 85 Mio. Fluggästen in Sachen Passagieraufkommen und nach Zahl der Flüge nach Atlanta an zweiter Stelle in den USA. Zu den „Los Angeles World Airports" (LAWA) gehören außer LAX auch LA/Ontario International Airport (ONT), LA/Palmdale Regional Airport (PMD) und Van Nuys Airport (VNY).

Die **Filmindustrie** sorgt jährlich für um die $ 40 Mrd. in den Kassen und der Ruf als „Entertainment Capital of the World" und als **Kulturzentrum** mit 300 Museen und dem Walk of Fame als Hauptattraktion ist beachtlich. Neben der Unterhaltungsindustrie spielt seit den späten 1920er-Jahren, besonders seit dem Zweiten Weltkrieg, der **Flugzeugbau** eine große Rolle, außerdem machen Technologie, Öl und die Textilindustrie die Stadt zum **größen Herstellungszentrum im Westen.**

In L.A. gibt es zahlreiche **„Fortune 500 Companies"** (Firmen, die sich unter den Top-500 – nach Umsatzstärke – des Fortune-Magazine-Rankings befinden) wie Occidental Petroleum, Health Net oder Reliance Steel & Aluminum sowie bekannte Unternehmen wie die Disney Company und Time Warner. Ebenfalls in L.A. angesiedelt haben sich 20th Century Fox, Guess, Paramount Pictures, Sunkist Growers, Hilton Hotels oder Sony Pictures Entertainment. Als größter Arbeitgeber im Privatsektor gilt die **University of Southern California (USC)**, wobei sie nur die größte Bildungsstätte unter rund 200 Colleges und Unis im Großraum ist. Andere wichtige sind UCLA, Pepperdine University oder Loyola Marymount.

Stadtentwicklung und -planung

Als die Stadt 1781 gegründet wurde, wurde lediglich eine Plaza ausgemessen und Grundstücke für 24 Siedlerfamilien wurden eingeteilt. 1800 sollen 315 Menschen und 12.500 Kühe in L.A. gelebt haben und noch in den 1890er-Jahren maß das Stadtgebiet nur rund 73 km². Die Stadt wuchs erst sehr langsam, dann aber explosionsartig: Von 4000 Einwohnern (1910) stieg die Zahl der Angelenos in nur 20 Jahren auf 235.000 und heute sind es rund 4 Mio.!

Der ursprüngliche Stadtkern lag im heutigen Downtown, die ersten größeren Zufügungen bezogen sich auf Highland Park und Garvanza im Nor-

047la Abb.: mb

den sowie South Los Angeles. Dank weiterer Eingemeindungen, zuletzt 1910 die von Hollywood, wuchs die Stadt stetig an. Mit der Eröffnung der L.A. Stock Exchange in Downtown im Jahr 1929 wurde sie zur Finanzhauptstadt an der Westküste und viele öffentliche Bauten entstanden in der Folge.

Während des Zweiten Weltkriegs gewann die Flugzeugindustrie an Bedeutung, viele neue Fabriken und damit **große Schlafgemeinden** entstanden. Im Krieg strömten allein über 200.000 Afroamerikaner aus den Südstaaten auf Jobsuche nach L.A. und die Enge in den Wohngebieten in **South Central** wurde unerträglich. Auch die Mexikaner hatten mit **schlechten Wohnbedingungen** in **East L.A.** zu kämpfen und Konflikte standen auf der Tagesordnung. In den 1930er-Jahren erreichte ein neuer mexikanischer Immigrantenstrom gleichzeitig mit vielen Asiaten die Stadt und die Latinos begannen, sich auch im vormals „schwarzen" South Central breitzumachen.

Die Nachkriegszeit brachte **massives Wachstum**, aber auch Mangel an erschwinglichen Wohnungen, Schulen und Sozialeinrichtungen. Die Jahre von 1947 bis in die 1960er-Jahre standen im Zeichen des **Straßenbaus** und dieser wiederum hatte die **Erschließung entfernt gelegener Gebiete** wie des San Fernando Valley oder des Orange County zur Folge. Damit verbunden ging die Stadt in die Breite, **Suburbanisierung** setzte ein, der Autoverkehr nahm zu und Leute akzeptierten immer längere Wege zwischen Arbeitsstätte und Heim.

Los Angeles galt lange als **„horizontale Stadt"**, als in die Breite wuchernder Moloch. Lebten 1930 noch 94 % der Bevölkerung in Einfamilienhäusern, entstanden v.a. in der Nachkriegszeit verstärkt große Apartmentblöcke. 1973 eröffnete der **erste Wolkenkratzer** in Bunker Hill, das über 60-stöckige First Interstate Building, andere folgten. Mittlerweile hat das **Bauen in die Höhe** – auch dank neuer Techniken im erdbebensicheren Bauen – die Oberhand gewonnen. Grund und Boden sind zum teuren Gut geworden und unkontrolliertes Flächenwachstum soll auf diese Weise eingedämmt werden. Zudem wird seit den 1990er-Jahren der Ausbau des **öffentlichen Nahverkehrs** forciert.

Gesellschaft und Ethnien

Los Angeles ist eine der **multikulturellsten Städte der Welt** – über 200 Ethnien und 80 Sprachen sollen vertreten sein, darunter z. B. eine große iranische Gruppe, die „Teherangeles“, und eine jüdische Gruppe, die in der „Jewish West Side“ (Wilshire Blvd.) lebt. Ein „Melting Pot“ oder Schmelztiegel ist L.A. aber ebenso wenig wie New York: Menschen unterschiedlicher Ethnien leben nebeneinander und hin und wieder auch gegeneinander.

Es sind die **Hispanos**, die die Bevölkerungsmehrheit stellen, den Ton angeben und das Bild prägen. Ihr Prozentsatz hat sich in den letzten Jahren fast verdreifacht und sie repräsentieren mit über 48 % der Stadtbevölkerung den größten Latinoanteil in ganz USA. Es gibt mexikanische Tageszeitungen, TV- und Radiosender und ausschließlich in Spanisch unterrichtende Schulen. Die konstante Zuwanderung von **Mexikanern** zwischen 1910 und 1930 und seit den 1990er-Jahren sorgte für ein Überwicht der Latino-Gemeinde, die mit der Wahl von Bürgermeister Villaraigosa 2005 und dessen Wiederwahl 2009 weiteren Auftrieb erhielt.

Knapp 10 % der knapp 4 Mio. Angelenos sind Afroamerikaner, wobei ihre Zahl rückläufig ist. Weiße nichthispanischer Herkunft machen rund 29 %, Asiaten 11 % aus (Stand 2010). 1910 waren es noch etwa 36 % **Afroamerikaner**, in den 1920er-Jahren wuchsen die Rassenschranken und South Central und Watts wurden zu Rückzugsgebieten. Diese früheren „Schwarzenviertel“ in South L.A. werden in den letzten Jahren zunehmend von Latinos vereinnahmt, während zu Geld gekommene Afroamerikaner wegzogen, z. B. nach View Park („Black Beverly Hills“). Noch 1960 zählte L.A. den größten Schwarzenanteil in einer amerikanischen Stadt. Mit den Watts-Unruhen 1965 wuchsen Hass und Widerstand und der schon früher schlechte Ruf der Los Angeles Police (LAPD) – die damals v. a. durch brutale Übergriffe, Korruption und Vorurteile gegen Afroamerikaner und Latinos von sich Reden machte – verschlechterte sich weiter.

Die Chinesen und ihr Chinatown spielten seit der Gründung von L.A. eine bedeutende Rolle, da sie gleichermaßen am Eisenbahnbau wie am Goldrausch beteiligt waren, später auch am Bau der Aquädukte. Seit dem Zweiten Weltkrieg stieg der **asiatische Bevölkerungsanteil** konstant an, v. a. Zuwanderer von den Philippinen, aus Korea, Japan und Taiwan gesellten sich dazu. „Asian-Americans“ stellen heute die drittgrößte Bevölkerungsgruppe.

◁ In die Höhe bauen, anstatt in die Breite wuchern – man versucht, aus früheren Fehlern zu lernen

Grünes L.A.

Anders als z. B. San Francisco, Portland oder Chicago hat Los Angeles in Sachen „grün“, „umweltfreundlich“ und „energiesparend“ noch aufzuholen. L.A. ist viel eher bekannt für seine Smog-Glocke, große Häuser, hohes Verkehrsaufkommen, rund um die Uhr betriebene Klimaanlagen und konstant laufende Rasensprenger.

Am besten und schnellsten verläuft die Entwicklung im **Bereich der Ernährung.** Viele Restaurants servieren „organic, locally grown produce“,

Hollywood: Jahrmarkt der Eitelkeiten

„Where the streets are paved with gold!" – Hollywoods Straßen sind zwar nie mit Gold gepflastert gewesen, doch Glamour, Glitzer und Glimmer, Stars und Sternchen, Dollars und Big Business sind hier immer noch zu Hause. Zwar ist einiges vom ***Glanz und Mythos*** *dieses legendären Stadtviertels von L.A., in dem seit 1910 Filmgeschichte geschrieben wird, abgeblättert, doch in den letzten Jahren hat man sich erfolgreich bemüht, das Zentrum um die Kreuzung Hollywood und Highland wieder aufzupolieren. Besucher bestaunen nun wieder die einbetonierten Fuß- und Handabdrücke vor* ***Grauman's Chinese Theatre*** *und suchen auf dem* ***Walk of Fame*** *nach den bronzegerahmten Terrazzosternen ihrer Lieblingsstars.*

Vom einstigen „Jahrmarkt der Eitelkeiten" merkt man heute nicht mehr viel: „The Industry", wie man die Filmwelt nennt, und das Showbiz haben sich in andere Regionen der Megalopolis Los Angeles zurückgezogen. Auch die ***Stars*** *besitzen heutzutage* ***Traumvillen*** *in den Nobelvierteln Beverly Hills, Bel Air, Westside, Malibu oder im San Fernando Valley, wo sie abgeschottet und rund um die Uhr bewacht residieren. Dort ist es schon auffällig am Straßenrand zu stoppen und erst recht zu Fuß unterwegs zu sein. Fernsehserien wie „Fresh Prince of Bel Air", „Melrose Place" oder „Beverly Hills 90210" verraten dem „Normalsterblichen" jedoch immerhin ein paar Details.*

Die Spitzenimmobilien findet man derzeit in ***Bel Air*** *und v. a. in* ***Beverly Hills,*** *1907 von Wilbur Cook gegründet und seit den 1920er-Jahren beliebt bei Stars und Prominenten. Bis heute fühlen diese sich in den palmengesäumten Avenues und schicken Einkaufsboulevards wohl. Wer den* ***Rodeo Drive,*** *seit 1914 die Shopping- und Promeniermeile von Beverly Hills, entlangschlendert, flaniert möglicherweise Seite an Seite mit Schauspielern, Millionären und Ölscheichs.*

Die ***Filmindustrie*** *gab zu Beginn des 20. Jh. ein recht profanes Debut: mit 5-Penny-Peepshows. 1908 wurden erstmals Dreharbeiten an die Westküste verlegt: Francis Boggs drehte eine Szene des „Grafen von Monte Cristo" in L.A., ein Jahr später produzierte Regisseur D. W. Griffith Teile des Stummfilms „In Old California" und 1911 eröffnete David Horsleys* ***Nestor Company*** *ein erstes Filmstudio. 1912 grün-*

„sustainable seafood", Fleisch, das frei ist von Hormonen und Zusatzstoffen, und andere gesunde Gerichte aus lokaler Produktion. Der neueste Trend sind **Biobauern** mitten im Stadtgebiet, die kleine Farmen betreiben und sich zur South Central Farmers' Cooperative (http://scfcoop.southcentralfarmers.com) zusammengeschlossen haben. Sie verkaufen ihre Frischeprodukte auch auf Wochenmärkten (s. S. 81).

„Grüne Hotels" stecken noch in den Kinderschuhen, doch man holt auch hier in atemberaubendem Tempo auf. **Recycling** wird, auch aufgrund der Bevölkerungsdichte und mangelnder Lagerflächen, hingegen schon lange betrieben. Beim Müllrecycling macht die Stadtverwaltung ge-

dete dann der deutschstämmige Carl Laemmle die „Universal Film Manufacturing Company", später in ***Universal Studios*** *umbenannt. Mehr und mehr unabhängige Unternehmen siedelten sich in Hollywood und Burbank an und schon um 1915 wurde die Mehrzahl aller amerikanischen Filme in Hollywood produziert.*

Hollywood war zur ***Welthauptstadt der Filmindustrie*** *geworden und prächtige, exotische Kinopaläste wie Grauman's Chinese Theatre oder The Egyptian entstanden. Doch die Ära unvergessener Monumentalstreifen wie „King Kong" (1933) oder „Gone with the Wind" (1939) erhielt nach dem Zweiten Weltkrieg Konkurrenz durch die* ***TV- und Musikindustrie:*** *1947 nahm* ***KTLA*** *als erster Sender den Betrieb auf, 1952 folgte* ***CBS.*** *Eine Zeit der billigen TV-Serien-Produktionen in den 1960er-/1970er-Jahren läutete fast den Ausverkauf von Hollywood ein. Erst ab den 1990er-Jahren sorgten Filme wie „Jurassic Park", „Pretty Woman" oder „Titanic" wieder für Aufmerksamkeit und volle Kassen und machten Hollywood - bis heute - zur Ikone für eine finanzkräftige Film-, Medien- und Unterhaltungsbranche.*

waltige Fortschritte. Was **LEED-Zertifizierungen** (Leadership in Energy and Environmental Design) im Bereich der Architektur angeht, gibt es bereits etliche „grüne" Bauten, darunter z. B. der Tom Bradley International Terminal (TBIT) am Flughafen LAX oder The BROAD ❾.

Der Großteil der **Energie** kommt noch aus Kohlekraftwerken in Arizona und Utah, nur bei einem geringen Teil handelt es sich bisher um erneuerbare Energien. Dieser Wert soll durch **Solarenergie** (Mojave Desert), **Biokraftwerke**, **Windenergie** (bei Palm Springs) und energiesparende **Architektur** in den nächsten Jahren stetig erhöht werden.

Die **Luftqualität** ist noch immer ein wunder Punkt, besonders im Sommer liegt eine dicke gelbe Smogglocke über der Stadt. Obwohl das Freewaynetz seit den 1970er-Jahren nicht weiter ausgebaut wird, trägt der konstant dichte Verkehr auf den Straßen wesentlich zur Luftverschmutzung bei. *Carpool lanes* (Spezialfahrspuren für Autos mit mehreren Insassen) wurden geschaffen und der Ausbau des **öffentlichen Nahverkehrs** vorangetrieben. Umweltfreundliche Bahnen bedienen zumindest zentral gelegene Stadtviertel und Busse werden großteils mit Gas betrieben. Allerdings stößt der Nahverkehr in L.A. aufgrund der Dimensionen der Stadt zwangsläufig auf Grenzen und kann diesbezüglich nicht mit anderen Städten verglichen werden.

Die **Wasserversorgung** ist in L.A. ebenfalls noch immer eines der großen Probleme. Appelle zur Reduzierung der Wasserverschwendung, z. B. für Rasenbewässerung, sowie die Einführung neuer, sparsamer Bewässerungssysteme für öffentliche Anlagen greifen nur langsam. Dafür wächst der Widerstand in den regen- und wasserreichen Regionen in der Sierra Nevada und den Rocky Mountains, die Wasser ins verwöhnte L.A. liefern müssen. Inzwischen setzt man sich auch für die Sauberkeit der Küsten ein: **„Heal the Bay"** (https://healthebay.org) ist eine Initiative zur Verbesserung der Wasserqualität v. a. in der Santa Monica Bay.

„Love affair“ mit dem Auto

„We're gonna ride it 'til we just can't ride it no more / From the South Bay to the Valley / From the West Side to the East Side ...“

Die eigenwillige Liebeserklärung des Liedermachers Randy Newman an „seine“ Stadt in dem Song **„I Love LA“** bringt die Bedeutung des Autos für den Angeleno auf den Punkt. Denn dass die Bewohner eine *love affair* mit ihrem fahrbaren Untersatz haben und vielfach mehr Zeit im Wagen als zu Hause verbringen, ist eine Tatsache.

Wer einmal länger in L.A. gewesen ist, weiß, warum das Auto für einen Angeleno zur „zweiten Wohnung“ geworden ist. Autobahnen räkeln sich wie die Arme einer riesigen Krake durch die Landschaft und scheinen sich unauflöslich zu verheddern. L.A. ist eine **Autostadt** und obwohl der **öffentliche Nahverkehr** stetig ausgebaut wird – das Schnellbahnnetz gilt schon jetzt als eines der längsten der Welt –, kann man in L.A. eigentlich nie aufs Auto verzichten: „Going to LA without a car is like going to NY without shoes – it's possible, but painful!“ (M. Dowell, ehemaliger Senior Director des städtischen Tourismusamts).

Bereits 1915 besaßen die 750.000 Einwohner der Region über 55.000 Autos und schon damals war **cruising**, das ziellose Herumfahren mit dem Auto unter dem Motto „sehen und gesehen werden“, eines der beliebtesten Freizeitvergnügen. 1940 war mit dem Arroyo Seco Parkway von Downtown nach Pasadena der **erste vierspurige Highway** mit einem Limit von 45 mph eröffnet worden, es folgte der achtspurige Hollywood Freeway (Downtown–Hollywood–San Fernando Valley), dessen erster Abschnitt ebenfalls 1940 eröffnete. Als Präsident Eisenhower 1956 den „Federal-Aid Highway Act“ zum Bau eines US-weiten Interstate-Systems ausrief, war das Freeway-Netz in Los Angeles bereits weit gediehen. In rund 15 Jahren entstanden gut 320 km an Freeways um L.A. und erst Mitte der 1970er-Jahre flaute die Bauwut ab – heute umfasst das Freewaynetz der Stadtautobahnen etwa 1000 km!

Ab den 1930er-Jahren war mit den Straßen zugleich eine **„drive-up and drive-thru culture“** aufgekommen. Mit der „Miracle Mile“, dem Abschnitt des Wilshire Blvd. zwischen Fairfax und La Brea Ave., setzte A.W. Ross eine gute Idee um: Er erwarb nicht nur in weiser Voraussicht um 1920 Farmland, sondern ließ gleich passend zur Straße und um Autofahrer anzulocken Läden, Lokale und Parkplätze bauen. Auf dem meilenlangen Streifen entstanden Coffeeshops und *eateries* in futuristischer Googie Architecture.

Wachsende Mobilität, zunehmender Dezentralismus und schier unbegrenztes Siedlungswachstum sind Ursachen für die „Automanie“ in L.A. Selbst zum Einkaufen muss man mehrere Kilometer fahren. Konstant verstopfte Straßen und schlechte Luft sind die Folgen. Inzwischen sind die Grenzen der *car culture* erreicht und seit einigen Jahren konzentrieren sich die Stadt und das Nahverkehrsunternehmen METRO auf den **Ausbau des Schienennahverkehrs.** Ebenfalls unter Ägide von METRO entstand ein **Bike-Sharing-System**, das (zumindest auf Kurzstrecken) für Entlastung sorgen soll. Außerdem wurden mehr *carpool lanes* für Fahrgemeinschaften geschaffen. Interessante Websites zum Thema sind: www.discoverlosangeles.com/mobile/carfreela und http://cityofconnection.com/2017/12/15/9-essential-apps-for-car-free-living-in-la.

PRAKTISCHE REISETIPPS

004la Abb.: CA Tourism-RW

An- und Rückreise

Mit dem Flugzeug

Lufthansa/United Airlines fliegt von Frankfurt, München und Zürich **nonstop** zum **Los Angeles International Airport** (**LAX**), Air New Zealand kooperierend mit Lufthansa von Frankfurt und München. Austrian Airlines fliegt von April bis Oktober ebenfalls nonstop von Wien und SWISS ganzjährig von Zürich.

Einen Flug mit **Zwischenstopps** bieten zahlreiche Gesellschaften, z. B. Delta Air Lines mehrmals die Woche über Paris oder Amsterdam oder der Billigflieger WOW Air über Reykjavik. Zu bedenken ist jedoch, dass bei einer reinen **Flugzeit** von 11,5 bis 12,5 Stunden eine Flugverbindung mit mehr als einem Zwischenstopp zeittechnisch nicht empfehlenswert ist.

Die **Flugpreise** (hin und zurück) bewegen sich zwischen 650 € (Nebensaison, Sonderangebote, mit Stopp) und bis zu 2000 € (nonstop bzw. in der Hauptsaison). Dazu kommen häufig Gebühren fürs Gepäck und die Sitzplatzreservierung. Zur ersten Orientierung helfen große Internetportale wie www.expedia.de. Die Fluggesellschaften selbst offerieren immer wieder zeitlich befristete Sonderangebote.

Die **Zeitverschiebung** zwischen Deutschland und L.A. beträgt 9 Std. Der Großteil der Flugzeuge landet am Nachmittag oder frühen Abend und deshalb sind die Auswirkungen des **Jetlag** zu Anfang nicht gravierend. Schwieriger ist die Zeit nach dem Rückflug, da man nach durchwachter Nacht am Morgen ankommt.

▷ LAX – einer der größten Flughäfen der Welt

◁ Vorseite: Welcher der schönste Strand im Großraum L.A. ist, muss jeder selbst herausfinden

Ankunft

LAX [bi] liegt 27 km von Downtown entfernt, am Pazifik, im Stadtteil Inglewood. Es handelt sich bezüglich Passagieraufkommen (85 Mio., Stand 2017) und Frachtmenge um den zweitgrößten Flughafen der USA. Das 1959 erbaute Ufo-artige „Theme Building" ist das Wahrzeichen des Flughafens. Es wird von neun Terminals umgeben. Internationale Flüge starten und landen am Tom Bradley International Terminal (TBIT).

- **Infos zum Flughafen:** www.lawa.org, www.airport-la.com, www.flylax.com, Info-Tel. 855 4635252
- **Fundstelle** (Lost and Found): Tel. 424 6465678

Derzeit im Bau ist eine Schnellbahnstation, von der man mit dem neuen *People Mover* die Terminals erreichen wird. Diese vollelektronische, fahrerlose Bahn soll ab 2023 die einzelnen Terminals verbinden.

Sämtliche **Verkehrsmittel**, Vans, Courtesy Tram (zu Mietwagenstationen, Hotels etc.), Busse, Taxis sowie der LAX Shuttle fahren im (unteren) **Arrival Level** vor jedem Terminal ab und sind ausgeschildert. „Departure" und „Ticketing" befinden sich ein Stockwerk darüber.

Vom Flughafen in die Stadt

- per **Bus und Metro Rail:** Zwischen den einzelnen Terminals verkehrt ein **Free Shuttle Service** (Busse weiß mit blauen und grünen Streifen), die **Linie A** (Airline Connection). Die **Linie C** (Airport Parking) bringt Besucher kostenlos zum City Bus Center nahe Parkplatz C an der

96th St., von wo aus **MTA-Busse** Ziele im Großraum L.A. und Downtown anfahren. Shuttlebusse der **Linie G** bringen Besucher ebenfalls gratis zur **Metro Green Line Aviation Station,** der U-Bahn-Haltestelle und von dort geht es dann (mit Umsteigen in die Blue Line) in die Stadt ($ 1,75, Infos: www.metro.net).

- Per Bus: **LAX-FlyAway-Busse** (blau) verkehren vom Lower/Arrivals Level jedes Terminals zur Union Station (Downtown), nach Westwood (West Los Angeles), Hollywood, Santa Monica und Van Nuys (San Fernando Valley), tagsüber mind. alle 30 Min., nachts etwa stündlich. Infos hierzu: www.flylax.com/en/flyaway-bus.
- Per **Klein(Shuttle-)bus:** Am Ground-Transportation-Schalter in jedem Terminal gibt es Auskünfte und Tickets für *door-to-door shuttle van service* zu einzelnen Hotels, z. B. SuperShuttle (www.supershuttle.com, ab $ 17 einfach).
- Per **Mietwagen** geht von den Mietstationen am Airport Blvd. im Osten des Flughafens via Century Blvd. zur I-405 (San Diego Freeway) und von dort, je nach Fahrtziel, nordwärts Richtung Hollywood bzw. südwärts zur I-105 und I-110 Richtung Downtown.
- Mit dem **Taxi** kostet die Fahrt nach Downtown einen Festpreis von derzeit $ 50,50 inkl. Aufschlag, ohne Trinkgeld, ansonsten je nach Fahrtziel zwischen etwa $ 65 (West Hollywood, Beverly Hills) und $ 85 (Hollywood). Die Fahrtdauer beträgt günstigstenfalls 25–35 Min.

Mit Bahn oder Bus

Die (halbstaatliche) Eisenbahngesellschaft Amtrak bzw. **Amtrak California** verkehrt entlang der Westküste und bietet sich gut für Städtetrips an. Anlaufpunkt der Züge ist in L.A. Downtown die **Union Station** ❷. Hier halten jedoch nicht nur die Überlandzüge, sondern auch drei Metro-Rail-Linien (Red/Purple/Gold) und Metrolink-Nahverkehrszüge (s. S. 124).

- Der **Pacific Surfliner** verbindet mehrmals täglich L.A. mit San Diego, einige Züge fahren weiter bis Santa Barbara und San Luis Obispo.
- Der **Coast Starlight** fährt täglich von L.A. über San Francisco und Portland nach Seattle bzw. zurück.
- Der **Southwest Chief** pendelt täglich zwischen Chicago und L.A. quer durch Arizona, New Mexico (Albuquerque), Kansas (Kansas City) und Missouri.
- Der **Sunset Limited** verbindet dreimal wöchentlich L.A. mit New Orleans über Tucson und San Antonio.
- **Infos:** www.amtrakcalifornia.com, https://deutsch.amtrak.com, Tel. 1 800 8727245 bzw. Tel. 215 8567924

0391a Abb.: LATCB©Robert Landau

Der **Greyhound-Busbahnhof** (www.greyhound.com) befindet sich in Downtown (1716 E 7th St.), darüberhinaus gibt es **Busgesellschaften** wie **LuxBus** (www.luxbusamerica.com, Anaheim–Las Vegas) oder **Low Fare Bus** (www.lowfarebus.com, L.A.–San Francisco Bay Area).

Per Schiff

Kreuzfahrtschiffe legen am Long Beach Cruise Terminal (231 Windsor Way) an. Von hier gibt es verschiedene Shuttle-Services (Infos: www.sanpedro.com/spcom/crusshp2.htm). Zur Metrostation Downtown Long Beach (Blue Line) sind es gut 3 km.

Autofahren

Autofahren ist in den USA normalerweise entspannend, denn man fährt hier defensiv und gemächlich – leider ist L.A. eine Ausnahme. Lebhafter Verkehr, Staus und eine eher **temperamentvolle** und **unvorhersehbare Fahrweise** machen das Herumkommen in der Stadt nicht immer stressfrei und dazu sind die Parkgebühren astronomisch hoch. **Informationen zum Parken** gibt es unter http://losangeles.bestparking.com. Wer einen **Strafzettel** bekommen hat, erhält Infos zur Bezahlweise auf www.lacourt.org/division/traffic/TR0009.aspx.

Besonders zu vermeiden sind Fahrten während der *rush hour* – normalerweise 7 bis 9 und ab 15/16 bis 20 Uhr. Genaues Kartenstudium, ein guter Lotse als Beifahrer und eine gewisse Nervenstärke angesichts der zahlreichen Fahrspuren und des dichten Verkehrs sind Grundvoraussetzungen, um mit dem Auto in Los Angeles unterwegs zu sein. Tipps zum Autofahren findet man unter: www.discoverlosangeles.com/blog/guide-driving-los-angeles.

Der kalifornische **Automobilklub CAA** (California State Automobile Association, http://calstate.aaa.com) – Teil der **AAA** – versorgt Reisende bei Vorlage einer ADAC-, ÖAMTC- oder TCS-Mitgliedskarte gratis – sonst gegen Gebühr – mit aktuellem Kartenmaterial und TourBooks. Es gibt mehrere CAA-Filialen im Großraum L.A., z. B.:

•**203** [dh] **CAA (L.A.),** 2601 S Figueroa St.
•**204** [c4] **CAA (West Hollywood),** 8761 Santa Monica Blvd.

Einen **Mietwagen** bucht man am besten schon zu Hause, da die angebotenen Komplettpakete günstiger sind als eine Buchung vor Ort. Abgesehen von den großen Firmen wie Avis (www.avis.de), Alamo (www.alamo.com) oder Hertz (www.hertz.com) gibt es auch günstige Mietwagen-Broker.

Bei **Pannen** schicken Verleihfirmen von Mietwagen – sofern möglich – einen **Servicewagen**, ansonsten sollte man den **AAA-Pannendienst** verständigen. Bei kleineren Defekten kann der Wagen an der nächsten Vermietstation repariert oder umgetauscht werden.

› **ADAC/ÖAMTC-Notruf:** Tel. +49 89 222222 bzw. +43 1 25 12000 (ÖAMTC)
› **AAA-Pannenhilfe:** Tel. 1 800 2224357

Besondere Verkehrsregeln

› **Geschwindigkeiten** (sofern nicht anders angegeben): Stadtgebiet 25 mph (40 km/h), Freeways: 65 mph (104 km/h). **Speeding** (zu schnelles Fahren) wird scharf überwacht und hart bestraft.
› **Rechtsabbiegen** bei Rot ist erlaubt, wenn es gefahrlos möglich und kein

Kleines Straßen-Einmaleins

Es ist nicht so schwer, sich im Autobahn- und Straßenwirrwarr von L.A. zurechtzufinden, beherzigt man ein paar allgemeine Hinweise: Boulevards verlaufen meist in Ost-West-Richtung, Avenues dagegen meist nord-südlich. Der ***„Nullpunkt"*** *befindet sich an der Ecke 1st/Main St. in Downtown, davon ausgehend werden die Hausnummern gezählt und die Himmelsrichtungen zugefügt: z. B. heißt die Fairfax Ave. nördlich der 1st St. „North Fairfax", südlich „South Fairfax".*

Freeways *tragen* ***Nummern und Namen,*** *dabei sind I-5 (Nord-Süd) und I-10 (West-Ost) die beiden wichtigsten Überlandautobahnen.* ***Interstates*** *mit dreistelligen Nummern (z. B. I-405) sind Umgehungsstrecken zu diesen beiden Hauptachsen. Daneben gibt es überregionale Straßen* ***(US Hwy.)*** *sowie Staatsstraßen* ***(CA Hwy.).*** *Die wichtigsten sind:*

- ***I-5*** *(Golden State Freeway/Santa Ana Freeway): wie die US 101 nordwestlich von Downtown in die Valleys und weiter nach San Francisco (Norden) bzw. Richtung Anaheim (Orange County) und San Diego (Süden) verlaufend.*
- ***I-10*** *(Santa Monica Freeway/San Bernadino Freeway): quert L.A. ausgehend von Santa Monica in West-Ost-Richtung und trennt Hollywood, Beverly Hills und Midtown von South L.A. Folgt dem Verlauf der legendären Route 66!*
- ***US 101*** *(Hollywood Freeway/Ventura Freeway): besser bekannt als „Pacific Coast Hwy.", verläuft von San Diego im Süden bis Olympia (Washington State) im Norden entlang der Küste.*
- ***I-110/Hwy. 110*** *(Harbor Freeway/Pasadena Freeway): in Nord-Süd-Richtung, westlich von Downtown.*
- ***I-405*** *(San Diego Freeway): Nord-Süd-Achse in der Westside der Stadt*
- ***I-210*** *(Foothill Freeway): verläuft parallel zur I-5 im Norden und zur I-10 im Osten.*
- ***I-710*** *(Long Beach Freeway): führt von L.A. nach Long Beach.*
- ***CA Hwy. 1:*** *Nebenroute des Pacific Coast Hwy., direkt entlang der Pazifikküste*
- ***CA Hwy. 2*** *(Glendale Freeway): wird nordwestlich von Downtown zum Santa Monica Blvd., verläuft durch Hollywood nach Santa Monica.*

Schild „No turn on red" (Abbiegen bei Rot verboten) angebracht ist.

- **Auf- und Abfahrten** sind in Kalifornien nach Meilen nummeriert und können sich auch links befinden.
- **Rechts überholen** bei mehreren Spuren ist erlaubt.
- **Car Pools** sind ausgewiesene, teils „eingemauerte" Spuren – *High Occupancy Vehicle (HOV) lanes* – für Fahrgemeinschaften (meist 2 Pers.) oder Busse, die beschleunigtes Durchkommen im Stadtgebiet ermöglichen und weniger Abzweigungen aufweisen.
- **Alkohol** darf nur im Kofferraum transportiert werden. Es gilt eine 0,5-‰-Grenze, Verstöße werden streng geahndet.
- Eine Gallone (3,8 l) **Normalbenzin** *(unleaded regular)* kostete Ende 2018 ca. $ 3,60 (Details: www.gasbuddy.com).
- **Vorfahrt:** Rechts vor links existiert nicht, stattdessen gibt es Stoppschilder, die nach dem Prinzip „wer zuerst kommt, fährt zuerst" funktionieren.

Barrierefreies Reisen

Die Vereinigten Staaten und L.A. sind ein gutes Reiseziel für Menschen mit einer Behinderung *(handicapped/disabled people)*. Ausgewiesene **Parkplätze, Aufzüge** und **Fußwegabsenkungen** sind generell üblich, ebenso **Hotels** oder **Mietwagen** mit behindertengerechten Einrichtungen. Allgemeine Infos erhält man bei:

› **SATH, Society for Accessible Travel & Hospitality,** Tel. 212 4477284, www.sath.org

Konkrete Informationen u. a. zur Barrierefreiheit von **Attraktionen, Museen** und **Nahverkehr:**

› www.latourist.com/index.php?page=access-guide
› www.discoverlosangeles.com/blog/los-angeles-disabled-visitors und www.discoverlosangeles.com/blog/beginners-guide-los-angeles
› www.metro.net/riding/riders-disabilities

Diplomatische Vertretungen

In Deutschland, Österreich und der Schweiz

Die ausländischen Botschaften und Konsulate im Heimatland sind in erster Linie für die Erteilung von Visa zuständig. Ein solches benötigt der „Normalreisende“ allerdings nicht. Es gibt amerikanische Botschaften in Berlin, Wien und Bern sowie Generalkonsulate in Düsseldorf, Frankfurt, Hamburg, Leipzig, München, Zürich und Genf. Infos unter:

› https://de.usembassy.gov/de
› https://at.usembassy.gov/de
› https://ch.usembassy.gov

In Los Angeles

•**205** [e7] **German Consulate General,** 6222 Wilshire Blvd., Suite 500, Los Angeles, CA 90048, Tel. 323 9302703, www.germany.info/us-en/embassy-consulates/losangeles

•**206** [bg] **Consulate General of Austria,** 11859 Wilshire Blvd., Suite 501, Los Angeles, CA 90025, Tel. 310 4449310, www.bmeia.gv.at/gk-los-angeles

› Schweizer wenden sich bitte an die Vertretung in San Francisco: **Consulate General of Switzerland,** Pier 17, Suite 600, San Francisco, CA 94111, Tel. 415 7882272, www.eda.admin.ch/sf.

Ein- und Ausreisebestimmungen

Dokumente und Formulare

Dank des **Visa Waiver Program** (VWP) ist ein Visum für Staatsbürger von Teilnehmerländern (wie Deutschland, Österreich und der Schweiz) bei einem Aufenthalt von max. 90 Tagen und Vorlage eines Rückflugtickets nicht nötig. Besucher müssen im Besitz eines maschinenlesbaren **Reisepasses** sein, der mindestens noch die gesamte Aufenthaltsdauer gültig ist.

Auch **Kinder** benötigen einen eigenen Pass. Reisen Kinder nur mit einem Elternteil oder Verwandten, kann sowohl bei der Ausreise aus Deutschland als auch bei der Einreise in die USA eine Einverständniserklärung des anderen Elternteils bzw. der Eltern erforderlich sein. Infos erhält man beim Auswärtigen Amt bzw. beim zuständigen Konsulat/der Botschaft.

Alle Bürger, auch Kinder, die ohne Visum einreisen, müssen sich im Rahmen von **ESTA (Electronic Sys-**

tem for Travel Authorization) spätestens 72 Stunden vor Abflug online registrieren:

- https://esta.cbp.dhs.gov/esta (Antrag)
- https://de.usembassy.gov/de/visa/esta (deutsche Erläuterungen)

Bei der Online-Registrierung ist eine **Gebühr** im aktuellen Gegenwert von $ 14 zu bezahlen (per Kreditkarte bzw. im Reisebüro). Wer einmal registriert ist, kann innerhalb von zwei Jahren, ohne erneut zu bezahlen, mehrfach einreisen, sofern der Pass so lange gültig ist.

Im Rahmen von **„Secure Flight“** müssen darüber hinaus 72 Stunden vor Abflug alle **maßgeblichen Passagierdaten** (voller Name gemäß Reisepass, Geburtsdatum, Geschlecht) zur Weiterleitung an die TSA (Transportation Security Administration) vorliegen. Normalerweise werden diese Angaben bereits bei Flugbuchung angefordert. Die anzugebende erste Adresse in den USA (inklusive Postleitzahl!) kann beim Check-in nachgereicht werden.

Wer länger als 90 Tage lang im Land bleiben möchte – z. B. zum Studieren oder Arbeiten – oder Staatsbürger eines Landes ist, das nicht am VWP teilnimmt, muss sich ein **Visum** beschaffen.

Ebenfalls nicht mehr visumsfrei einreisen dürfen Staatsangehörige von VWP-Ländern, die seit dem 1.3.2011 in den Irak, den Sudan, nach Iran oder Syrien gereist sind oder die entsprechende doppelte Staatsangehörigkeit besitzen. Infos dazu gibt es unter:

- https://de.usembassy.gov/de/visa bzw. https://travel.state.gov
- Aktuelle Sicherheitshinweise finden sich auch unter www.auswaertiges-amt.de.

Einreise

Am Einreiseschalter *(Immigration Counter)* des ersten Flughafens in den USA wird der Pass gescannt und es werden **Fragen** zu Reiseroute, Zweck der Reise, Beruf, Bekannten oder Freunden in USA, evtl. auch zum Reisebudget gestellt.

Es werden **elektronische Fingerabdrücke** genommen und es wird ein **Foto** gemacht, ehe es dann den Stempel mit einer auf normalerweise drei Monate festgelegten Aufenthaltsdauer gibt. Der Vorgang dauert – abgesehen von evtl. Warteschlangen vor den Schaltern – nur wenige Minuten.

An immer mehr Flughäfen, auch in Los Angeles, gibt es **Automated Passport Control (APC).** Besucher mit ESTA-Registrierung, die schon einmal mit ESTA und dem entsprechenden Reisepass engereist sind, können diese Geräte benutzen und beschleunigen damit die Prozedur.

- www.cbp.gov/travel/us-citizens/apc

Infos zu den aktuellen Einreisebestimmungen finden sich unter: www.cbp.gov/travel/international-visitors (U.S. Customs & Border Protection).

Zoll

Im Flugzeug werden **weiße Zollerklärungen** *(customs form)* verteilt, auf denen anzugeben ist, ob bzw. welche zollpflichtigen Waren mitgeführt werden. Wer an ESTA teilgenommen hat und an einem Flughafen mit Automated Passport Control einreist, muss kein Formular ausfüllen.

Eine **Devisenbeschränkung** gibt es nicht, lediglich Summen über $ 10.000 müssen deklariert werden. Details zu den Einfuhrbestimmungen erhält man in lokalen Zollämtern bzw. unter:

- **Deutschland:** www.zoll.de
- **Österreich:** www.bmf.gv.at/zoll/zoll.html
- **Schweiz:** www.ezv.admin.ch

Einreise in die USA

- 1 l Alkohol bzw. 200 Zigaretten oder 100 Zigarren (keine kubanischen)
- Geschenke im Wert bis $ 100
- Verboten sind tierische und pflanzliche Frischprodukte/Lebensmittel sowie Samen und Pflanzen, außerdem Klappmesser u. a. gefährliche Objekte. Bei Medikamenten in größeren Mengen empfiehlt sich ein ärztliches Attest, da die Einfuhr von Rauschmitteln untersagt ist.
- Weitere Details finden sich unter www.cbp.gov/travel/international-visitors

Einreise nach Europa/in die Schweiz

Bei der Rückreise gilt:

- **Tabakwaren** (über 17-Jährige in EU-Länder und CH): 200 Zigaretten oder 100 Zigarillos oder 50 Zigarren oder 250 g Tabak
- **Alkohol** (über 17-Jährige in EU-Länder): 1 l über 22 Vol.-% oder 2 l bis 22 Vol.-% und zusätzlich 4 l nicht-schäumende Weine und 16 l Bier; in die Schweiz: 2 l (bis 15 Vol.-%) und 1 l (über 15 Vol.-%)
- **Andere Waren** für den persönlichen Gebrauch (über 15-Jährige) bis zu einem Warenwert von 430 €, in die Schweiz bis CHF 300

Elektrizität

In den USA gibt es **Wechselstrom von 110 bis 115 V**, daher müssen mitgebrachte Geräte umstellbar sein. Wegen der anderen Steckdosenform ist außerdem ein **Adapter** nötig, den man am besten schon von zu Hause mitbringt bzw. am Flughafen oder in einem Elektrogeschäft kauft.

Geldfragen

Kredit- und Debitkarten

Das Zauberwort in Amerika heißt **credit card**, wobei Mastercard und Visa die gebräuchlichsten sind. Selbst Kleinstbeträge werden mit Kreditkarte bezahlt und sie ist nötig, um Kaution (z. B. Mietwagen, Hotelzimmer) zu stellen bzw. eine Buchung zu garantieren.

Bei bargeldlosem Zahlen (mit PIN) werden 1 bis 2 % für den Auslandseinsatz berechnet, Bargeld am Automaten **(ATM)**, bei Banken, aber auch in Geschäften zu ziehen, kostet je nach Bank und Karte oft ebenfalls eine Gebühr in unterschiedlicher Höhe, die vor Abschluss der Transaktion angezeigt wird. Immer häufiger wird bei Bezahlung mit Kreditkarte in Läden oder Restaurants die Eingabe einer PIN-Nummer verlangt.

Debitkarten (auch Girocard genannt) sind für den Einsatz im außereuropäischen Ausland manchmal gesperrt, dazu ist der Verfügungsrahmen meist eingeschränkt. Während Maestro-Karten weltweit genutzt werden können, sind die von vielen deutschen Banken ausgegebenen **VPAY-Karten** an Bankautomaten in den USA nutzlos, da die Automaten den Chip nicht lesen können (vorher bei der Bank erkundigen).

Beim Abheben von Bargeld wird manchmal die Abrechnung in Euro angeboten **(Dynamic Currency**

Wechselkurs

Stand: Januar 2019

1 €	=	1,14 $
1 SFr	=	1,01 $
1 $	=	0,88 € bzw. 0,99 SFr

Conversion). Meist wird aber ein ungünstiger Wechselkurs zugrundegelegt und eine Abbuchung in Dollar ist vorzuziehen, da dann der offizielle Devisenkurs gilt.

Bargeld

Bargeld ist nur in wenigen Fällen unabdingbar, etwa an Automaten (v.a. **Quarter-Münzen**) oder für Trinkgelder. Selbst in Supermärkten und an Zapfsäulen kann mit Kreditkarte bezahlt werden. Es ist an sich aber kein Problem, in einer Bank oder (schneller) in einer Filiale von American Express, Travelex oder anderen „Currency Exchange"-Stellen Euro (oder Reiseschecks) in **US-Dollar** ($ 1 = 100 Cent) umzuwechseln, sofern man die Fahrt dorthin nicht scheut und die schlechteren Kurse und zusätzlichen Gebühren in Kauf nimmt.

- **Münzen:** Penny (1 c), Nickel (5 c), Dime (10 c), Quarter (25 c)
- **Banknoten** gibt es im Wert von $ 1 („buck"), 5, 10, 20, 50, 100, 500 und 1000 („Grand").

Preise und Kosten

L.A. ist ein recht **teures Pflaster**, gleichermaßen was Hotelpreise angeht wie auch bei den Kosten für Restaurantbesuche, Parkgebühren oder Einkaufstouren. Auf Wochenmärkten, in Läden und Imbisslokalen bieten sich jedoch Alternativen zu teuren Lokalen.

Die **Eintrittspreise** sind der Qualität und Größe der Museen angemessen und es gibt für Studenten und Senioren Ermäßigungen und gelegentlich verbilligten oder freien Eintritt (s.S. 58). Die Ticketpreise für den **öffentlichen Nahverkehr** sind – angesichts der Streckenlängen – sehr moderat.

L.A. preiswert

*Der **Southern California CityPass** (s. S. 52) bietet freien Eintritt zu Attraktionen und die Teilnahme an verschiedenen Touren. Bei der **Go Los Angeles Card** (Infos: www.SmartDestinations.com/losangeles) für 1 bis 7 Tage (z. B. $ 89/1 Tag, $ 219/3 Tage) können Museen, Attraktionen und Touren von einer langen Liste beliebig gewählt werden. Es gibt sie bei der Visitor Information (s. S. 106). Die Karte lohnt nur bei einem Aufenthalt von mind. 3 Tagen.*

*Viele **Museen** bieten an bestimmten Tagen **freien** oder einen **reduzierten Eintritt** (s. S. 58). **Gratiskonzerte** finden meist von Mai bis Sept. an verschiedenen Orten und Museen statt (s. S. 76).*

***Preiswert essen** lässt sich z. B. in Chinatown 3 oder Little Tokyo 4, im L.A. Farmers Market (s. S. 34) oder im Grand Central Market 11. Mit ein bisschen Glück (oder langfristiger Planung) kann man auch kostenlos bei **TV-Shows** dabei sein. Tickets gibt es z. B. bei Audiences Unlimited (www.tvtickets.com), weitere allgemeine Infos unter: www.discoverlosangeles.com/what-to-do/culture/film-television.*

***LAStage** verkauft in den Visitor Centers Tickets für Konzerte, Theater u. a. Events zum halben Preis (s. S. 107). Touren durch die **Walt Disney Concert Hall** 8 sind gratis, ebenso der Besuch von **Getty Villa** 33, **Getty Center** 32 (nur Parkgebühr) und **ScienCenter** 15. **Weitere kostenlose Aktivitäten** und Angebote („100 Free Things to Do") findet man auf www.discoverlosangeles.com/blog/100-free-things-do-los-angeles.*

Informationsquellen

Informationsstellen zu Hause

L.A. ist durch eine deutsche Agentur vertreten, die auch für Österreich und die Schweiz zuständig ist:

- **Discover Los Angeles,** c/o Get It Across GmbH & Co. KG, Neumarkt 33, 50667 Köln, Tel. 0221 47671222, www.getitacross.de/portfolio/los-angeles, www.discoverlosangeles.com
- Über ganz Kalifornien informiert www.visitcalifornia.com/de.

Informationsstellen in L.A.

Touristeninformation

- **Los Angeles Tourism & Convention Board (LACTB),** Tel. 001 213 6247300, www.discoverlosangeles.com. Hauptstelle des Tourismusamtes, kein Besuchsverkehr.

ℹ **207** [A5] **L.A. Visitor Center,** 900 Wilshire Blvd., Tel. 001 213 2391118, tgl. 9–20 Uhr. Infostelle am InterContinental Hotel Los Angeles Downtown. Außer Auskünften auch Tickets erhältlich.

ℹ **208** [B6] **Official Visitor Information Center @ Macy's at The Bloc,** 750 W 7th St., Tel. 001 213 6289311, tgl. 9.30–17 Uhr

ℹ **209** [h2] **The Official Visitor Information Center @ Hollywood & Highland,** 6801 Hollywood Blvd., Tel. 001 323 4676412, Mo.–Sa. 10–22, So. 10–19 Uhr. Infomaterial, Tickets u. a., eher Infostand.

- Außerdem gibt es Infostellen an der Union Station 2 und am Port of Los Angeles in San Pedro.

ℹ **210** [a6] **Beverly Hills Visitor Center,** 9400 Santa Monica Blvd./Canon Dr., Tel. Tel. 001 310 2481015, www.lovebeverlyhills.com, Mo.–Fr. 9–17, Sa./So. 10–17 Uhr. Hightech-Besucherzentrum.

Infos zu anderen Stadtteilen:

- www.visitwesthollywood.com, www.santamonica.com, www.TheValley.net

Informationsstelle des Tourismusbehörde von L.A. im Hollywood & Highland Center

0711a Abb.: mb

Veranstaltungs- und Kartenservice

Tickets für Theater, Veranstaltungen etc. bucht man am besten **frühzeitig** bzw. schon zu Hause über Reiseveranstalter oder Internet. In L.A. erhält man Tickets außer bei der Touristeninformation (s. S. 106) auch bei:

- **LAStage,** https://thisstage.la, Tickets zum halben Preis für alle Arten von Veranstaltungen auf der Website und im Visitor Information Center in Hollywood.
- **Ticketmaster,** 3701 Wilshire Blvd., Tel. 213 4803232, www.ticketmaster.com
- **Live Nation,** 151 El Camino Dr., Beverly Hills, www.LiveNation.com, Tel. 1 800 7453000
- **First Class Tickets,** 848 N La Cienega, West Hollywood,, Tel. 310 2754200, www.firstclasstixx.com
- **Audiences Unlimited,** Tel. 818 7533470, www.tvtickets.com. Tickets für Live-Sitcoms u. a. Shows.
- **TV Tix,** Tel. 323 6534105, www.tvtix.com. Tickets für verschiedene TV-Shows und als Zuschauer bei Filmproduktionen.
- **Hinweise zu Veranstaltungen** liefern die Websites https://culturela.org und – speziell zur Theaterszene – https://thisstage.la.

Die Stadt im Internet

- **www.discoverlosangeles.com** – offizielle Webpage von LA Tourism & Convention Board, modern aufgemacht mit verschiedenen Rubriken für Besucher und Backgroundinformationen
- **www.ladowntownnews.com** – Internetzeitung über die Ereignisse in Downtown L.A., viele Berichte, aber auch eine Menge praktische Tipps
- **www.wheretraveler.com/los-angeles** – wie im kostenlos aufliegenden Printmagazin Artikel und nach Stadtvierteln sortierte Tipps zu Shopping, Attraktionen, Nightlife etc. Ähnlich: **www.timeout.com/los-angeles/arts-culture.**
- **www.lacity.org** – offizielle Seite der Stadtverwaltung (City of Los Angeles) mit Rubrik „Tips for Visitors" für Besucher (dort v. a. Links)
- **www.discoverhollywood.com** – vierteljährlich erscheinendes Gratismagazin mit Internetauftritt, v. a. zu Veranstaltungen aller Art, aber auch zu Lokalen, Shops und Attraktionen
- **www.latimes.com** – Website der L.A. Times, u. a. mit Infos zu beliebten Lokalen, Bars, Klubs, Veranstaltungen, aber auch zu *neighborhoods* und Attraktionen
- **https://socalpulse.com/category/la** – Infos zu aktuellen Events, zur kulinarischen und Kulturszene, zu Shopping und Nightlife

Publikationen und Medien

Die maßgebliche **Tageszeitung** ist die **Los Angeles Times** (www.latimes.com), die auch über Veranstaltungen und Aktuelles in der Stadt informiert. Die Zeitung wurde 1881 gegründet, seit 2018 gehört das Verlagshaus dem Milliardär Patrick Soon-Shiong.

Dazu gibt es noch einige meist wöchentliche **Stadtmagazine** wie L.A. Weekly (www.laweekly.com), Los Angeles Downtown News oder WHERE Los Angeles (monatlich). Sie liegen in den Touristeninformationen (s. S. 106), in Hotels, Shops und Museen kostenlos aus. Außerdem:

- **Los Angeles** (www.lamag.com) ist ein mo-natlich erscheinendes Stadtmagazin für $ 4,95 mit Stories, Blogs und vielen Tipps.
- Der **Los Angeles Visitors Guide** des Los Angeles Tourism & Convention Board erscheint als Magazin zweimal jährlich und enthält fast ausschließlich Adresslisten (Hotels, Restaurants, Shops).
- **Cultural Guide L.A.** – hilfreiches Gratismagazin zur Kulturszene der Stadt (auch unter: https://culturela.org)

Unsere Literaturtipps

- *Kevin Starr,* ***California,*** *2005. Das 500-Seiten-Kompendium des Historikers liefert einen fesselnden Einblick in den „Golden State" und L.A.*
- *David L. Ulin (Hrsg.),* ***Writing Los Angeles: A Literary Anthology,*** *2002. Lesenswerte Sammlung interessanter Geschichten von vormals in L.A. lebenden Schriftstellern wie R. Chandler, W. Faulkner, J. Didion, J. Kerouac, W. Mosley, E. Waugh sowie Umberto Eco und Bert Brecht.*
- *Mike Davis,* ***City of Quartz,*** *1990/2006 (auf Deutsch 2006 im Verlag Assoziation A, Berlin). Die eindrucksvolle und spannende Sozialgeschichte L.A.s von den Anfängen bis heute – L.A. als Symbol der zukünftigen Gesellschaft. Lesenswert ist auch sein Buch* ***Ecology of Fear: Los Angeles and the Imagination of Disaster*** *(2000, auf Deutsch „Ökologie der Angst", Kunstmann Verlag).*
- *Norman Klein,* ***The History of Forgetting: Los Angeles and the Erasure of Memory,*** *1997/2008. Fesselndes Porträt einer Stadt, die sich immer wieder aus dem eigenen Mythos neu erfindet.*
- *Kevin Vennemann,* ***Sunset Boulevard. Von Filmen, Bauen und Sterben in Los Angeles,*** *2012. Es geht um Architekten wie Julius Shulman, Symbole und Sozialethik; eine Mischung aus Sachbuch und Roman.*

Kriminalromane

- *Raymond Chandler schuf mit Philip Marlowe einen der klassischen Privatdetektive – u. a.* ***The Big Sleep*** *(1939),* ***Farewell My Lovely*** *(1940) oder* ***The Long Goodbye*** *(1953). Auf Deutsch bei Diogenes.*
- ***Angels Flight*** *(1999, engl.) von Mike Conolly ist ein spannender Krimi, der in einer mittlerweile stillgelegten Schmalspur-Seilbahn auf dem Bunker Hill spielt.*
- *James Ellroy schreibt die „blutigsten Krimis" (Zeit Magazin), u. a.* ***Black Dahlia*** *(1987),* ***LA Confidential*** *(1990),* ***White Jazz*** *(1992) oder* ***Perfidia*** *(2014).*
- *Das Schriftstellerehepaar Faye und Jonathan Kellerman schreibt getrennte Serien. Fayes Hauptfigur ist Peter Decker vom LAPD (z. B.* ***Erbsünde,*** *2019), Jonathan lässt den Kinderpsychologen Alex Delaware und den schwulen Kommisar Milo Sturgis vom LADP (z. B.* ***Todesmahl,*** *2016) agieren.*
- *Walter Mosley stellt in seinen Krimis „Easy" Rawlins, einen afroamerikanischen Privatdetektiv, in den Mittelpunkt (auf Deutsch bei Fischer, z. B.* ***Blonde Faith,*** *2010).*

Sachbücher und Romane

- *F. Scott Fitzgerald,* ***The Pat Hobby Stories,*** *1962 (posthum). Der Autor verbrachte seine letzten Lebensjahre als Drehbuchautor in Hollywood und schildert seine Erlebnisse in diesem Kurzgeschichtenband.*
- *Charles Bukowski, der legendäre Dichter der 1968er-Generation verbrachte die meiste Zeit seines Lebens in L.A., viele seiner Werke gibt es auf Deutsch im Maro Verlag Augsburg (www.maroverlag.de/1_bukowski), bei DTV, Kiepenheuer & Witsch und Fischer (z. B.* ***Kaputt in Hollywood,*** *1990;* ***Pulp,*** *1994;* ***Hol-***

lywood, 1992 und ***Letzte Meldungen****, 2007).*

- *„Kulinarische Filme" werden in dem schön aufgemachten Buch von Thomas Struck und Karin Laudenbach mit Menüs von Starköchen kombiniert:* ***Filmrezepte*** *(Callwey Verlag, München, 2014).*
- *D. J. Waldie ist ein kalifornischer Essayist, der sich mit dem modernen L.A. befasst, u. a. gibt es von ihm* ***California Romantica: Spanish Colonial and Mission-Style Houses*** *(2007) oder* ***Where We Are Now: Notes from Los Angeles*** *(2004).*
- *A. Holmes nimmt in* ***Los Angeles: People, Places, and the Castle on the Hill*** *(2002) das Chateau Marmont Hotel als Aufhänger, um die Menschen und die besondere Atmosphäre von L.A. zu beschreiben.*
- *Laura Massino Smith,* ***Architectural Tours L.A. Guidebook****. Einzelbände über die Architektur in verschiedenen Vierteln (u. a. Downtown, Hollywood).*
- *Johnston McCulley,* ***Zorro****, 1919 (auf Deutsch 2006 bei Anaconda). Der weltberühmte „Rächer der Armen" wirkte im spanischen L.A. Isabel Allende lieferte 2005 einen Roman über Zorros Jugend.*
- *T.C. Boyle stammt zwar aus dem Staat New York, lebt jedoch nahe L.A. und viele seiner Werke spielen in Kalifornien: u. a.* ***América*** *(1995) über mexikanische Einwanderer und* ***Drop City*** *(2003) über Hippies in Kalifornien und Trapper in Alaska.* ***Wenn das Schlachten vorbei ist*** *(2012) und* ***San Miguel*** *(2013) spielen auf den Channel Islands, die L.A. im Pazifik vorgelagert sind. Lesenswert sind auch* ***Die Terranauten*** *(2017) und* ***Das Licht*** *(2019).*

Infos für LGBT+

Die LGBT-Szene konzentriert sich in Los Angeles vor allem auf West Hollywood und den Santa Monica Blvd. Kleinere „Enklaven" finden sich in Venice Beach, Santa Monica, Hollywood, Silver Lake und Los Feliz.

LGBT-Szene im Internet

- **http://losangeles.gaycities.com** – Tipps zu Events, Bars, Klubs, Restaurants, Hotels u. a. Treffs
- **https://losangeles.edgemedianetwork.com** – News, Artikel und Tipps für Homosexuelle
- **www.frontiersmedia.com** – Website des LA Gay Lifestyle Magazine „Frontiers"
- **http://losangeles.com** – Website der Organisation Los Angeles Together mit hilfreichen Tipps und Features
- **http://gaywesthollywood.com** und **www.visitwesthollywood.com/lgbtq** – Tipps für „Boys Town", West Hollywood

Treffs und Klubs

211 [i2] **Los Angeles LGBT Center,** McDonald/Wright Building, 1625 N Schrader Blvd., www.lalgbtcenter.org. Treff und Veranstaltungen.

212 [cf] **Oil Can Harry's,** 11502 Ventura Blvd., Studio City, www.oilcanharrysla.com. Bar für Schwule und Lesben, besonders Sa. beliebter Tanztreff.

213 [dg] **Silverlake Lounge,** 2906 W Sunset Blvd., http://thesilverlakelounge.ticketfly.com. Transvestiten-Bar, Rockklub und Indieszene.

214 [c4] **Thirst,** 652 N La Peer Dr., West Hollywood. Eher eleganter Nightclub für Frauen, nur Sa. 21–3 Uhr.

★**215** **Will Rogers State Beach,** 17700 Pacific Coast Highway, Pacific Palisades. Als „Ginger Rogers Beach" in der Gay-Szene beliebt.

Veranstaltungen

- **LA Pride.** Neuntägiges Fest in West Hollywood Anfang Juni, San Vicente Blvd. (Santa Monica Blvd.–Melrose Ave.), mit Parade am So. (www.lapride.org).
- **West Hollywood Halloween Carnaval** (www.westhollywoodhalloween.com). Am 31. Oktober Musik auf mehreren Bühnen und Parade (s. S. 84).
- **Outfest.** Los Angeles Gay & Lesbian Film Festival, Mitte Juli auf verschiedenen Bühnen. Ältestes kontinuierlich bestehendes Filmfestival in L.A. (www.outfest.org).

LGBT-Hotels

216 [dg] **Coral Sands Motel** $$, 1730 N Western Ave., Tel. 323 4675141, www.coralsands-la.com. Klassisches Motel rings um einen Innenhof mit Pool.

217 [Seite 43] **Hotel Casa del Mar** $$$$, 1910 Ocean Way, Santa Monica, Tel. 310 5815533, www.hotelcasadelmar.com. Sehr edles Hotel direkt am Strand.

Internet

Einen kostenlosen Internetzugang zu finden, stellt dank **zahlreicher WLAN-Hotspots** kein Problem dar. Zum Beispiel verfügen viele zentral gelegene **Parks, Plätze** und **Einrichtungen** über Hotspots, z. B. Pershing Square [B5], Griffith Observatory 37, Hollywood Bowl, Grand Central Market 11, MOCA 10, LACMA 24, Getty Center 32 sowie Venice Beach 35, Santa Monica Pier 34 etc. In **Hotels** ist Internetzugang nicht immer kostenlos und gelegentlich nur in der Lobby verfügbar.

Auch die meisten **Cafés** in L.A. bieten kostenloses Internet an, ebenso viele **Restaurants:**

- www.discoverlosangeles.com/blog/free-wi-fi-access-los-angeles

Maße und Gewichte

Längen

1 inch (in)	2,54 cm
1 foot (ft)	30,48 cm
1 yard (yd) (= 3 feet)	0,91 m
1 mile (mi) (= 1760 yards)	1,61 km

Flächen

1 square inch	6,45 cm²
1 square feet	929 cm²
1 square yard	0,84 m²
1 acre	4046,80 m² (0,405 ha)
1 square mile (= 640 acres)	2,59 km²

Hohlmaße

1 pint	0,47 l
1 quart (= 2 pints)	0,95 l
1 gallon (= 4 quarts)	3,79 l

Gewichte

1 ounce (oz)	28,35 g
1 pound (= 16 ounces)	453,59 g

Temperaturen

Umrechnungsschlüssel

(Grad Fahrenheit - 32) x 0,56 = Grad Celsius

Beispiele

32 Grad F	0 Grad C
50 Grad F	10 Grad C
60 Grad F	15,5 Grad C
70 Grad F	21 Grad C
90 Grad F	32,2 Grad C
100 Grad F	37,8 Grad C

Richtige Apotheken wie diese sind eher selten, dafür gibt es „drugstores“

Medizinische Versorgung

Besonderen Risiken sind USA-Reisende nicht ausgesetzt und spezielle Impfungen nicht nötig. Das **Leitungswasser** ist gechlort, aber trinkbar, öffentliche **Toiletten** sind im Allgemeinen gratis und sehr sauber. Erkältungen wegen der üblichen **Vollklimatisierung** von Räumen, Bahnen etc. kann man durch entsprechende Kleidung vorbeugen. L.A. ist allerdings noch immer berüchtigt für seine **schlechte Luftqualität**, die bei Atemproblemen Schwierigkeiten bereiten kann.

Den hohen Arzt-, Medikamenten- und Krankenhauskosten in Amerika steht ein **hoch entwickeltes medizinisches System** gegenüber. Schnelle und gründliche Behandlung ist gesichert, vorausgesetzt, man kann die **Zahlungsfähigkeit** (zum Beispiel durch Kreditkarte) nachweisen. Bei Praxisbesuchen ist im Allgemeinen sofort zu bezahlen. Gesetzliche Krankenkassen übernehmen die Kosten nicht, weswegen der Abschluss einer **Reisekrankenversicherung** (s. S. 126) und das Sammeln ausführlicher Quittungen und Rechnungen ratsam ist.

Krankenhäuser und Praxen

Hausbesuche sind in den USA unüblich. Im Notfall fährt man zu einer Arztpraxis (Adressen erfährt man im Hotel), ruft eine Ambulanz (Tel. 911) oder fährt zu einer Krankenhausnotaufnahme *(emergency room)*.

⊕**218** [dh] **Dignity Health California Hospital Medical Center,** 1401 S Grand Ave., Tel. 213 7482411

⊕**219** [bg] **Ronald Reagan UCLA Medical Center,** 757 Westwood Plaza, allg. Infos: Tel. 310 8259111, Notfälle: Tel. 310 8252111, Kinderkrankenhaus: Tel. 310 8252111

042la Abb.: mb

⊕**220** [eg] **White Memorial Medical Center,** 1720 E Cesar E Chavez Ave., Tel. 323 2685000

⊕**221** [Seite 43] **Dr. Bruce Edward King,** 3791 S Centinela Ave, Tel. 310 3910699, Rund-um-die-Uhr-Betreuung (nach 17 Uhr Notruf: Tel. 424 6452706)

⊕**223** [dg] **Dr. Wolfgang Scheele,** 201 S Alvarado St., Tel. 213 4135040, in Deutschland ausgebildeter Kardiologe

Apotheken

Apotheken *(pharmacies)* sind rar, aber ein Grundsortiment an Arzneimitteln findet sich frei käuflich in Supermärkten und *drugstores*. In Letzteren kann man an speziellen Schaltern auch ärztliche Verordnungen *(prescriptions)* für rezeptpflichtige Medikamente einlösen. In L.A. ist v. a. **Rite Aid Pharmacy** verbreitet, daneben gibt es zahlreiche Filialen von Walgreens und CVS Pharmacy, z. B.:

⊕**224** [A2] **CVS,** 1050 W Sunset Blvd., 24 Std. geöffnet

⊕**225** [C5] **Rite-Aid,** 500 S Broadway, bis 22 Uhr geöffnet

⊕**226** [B5] **Uptown Drug & Gift Shop,** 444 S Flower St., www.uptowndrugs.com, Mo.–Fr. 8.30–17.30 Uhr

Mit Kindern unterwegs

Kinder sind in den USA gern gesehen und kommen in den Genuss **vielerlei Vergünstigungen,** z. B. in öffentlichen Verkehrsmitteln oder Hotels, wo Kids meist kostenlos im Zimmer der Eltern übernachten. Restaurants bieten vielfach Kindermenüs und -sitze, in Museen gibt es je nach Alter freien oder ermäßigten Eintritt.

Bei den **La Brea Tar Pits** 25 mit **Page Museum** gibt es spannende Überreste von Urzeitwesen zu sehen, im **Griffith Observatory** 37 kann man in die Sterne schauen und im **Los Angeles Zoo** (s. rechts) Tiere streicheln. Interessant für die ganze Familie sind auch das **Natural History Museum** 14, das **California ScienCenter** 15 mit riesigem IMAX-Theater und das **Petersen Automotive Museum** 27 . Besonders umfangreiche Kinderprogramme werden im Family Room des **Getty Center** 32 und der **Getty Villa** 33 angeboten.

Aktiv werden können Familien am **Santa Monica Pier** (s. S. 42) mit Buden und dem Pacific Park, einem Vergnügungspark mit vielerlei Fahrgeschäften (www.pacpark.com). Hollywoods **Walk of Fame** 16 mit Grauman's Chinese Theatre 18, Hollywood Museum 19 und Madame Tussauds Hollywood (s. S. 59) sind ebenso wie **Disneyland** 41, die **Universal Studios Hollywood** 23 oder **Knott's Berry Farm** 42 etwas für Jung und Alt.

Noch ein paar spezielle Tipps:

227 [bg] **Geffen Playhouse,** 10886 Le Conte Ave., Westwood, www.geffenplayhouse.com, ab $ 10, auch Stücke für Kinder.

★**228** [df] **L.A. Zoo,** 5333 Zoo Dr./Griffith Park, www.lazoo.org, tgl. 10–17 Uhr, $ 21, Kinder ab 2 Jahre $ 16. Aufgrund seiner Dimensionen und der Artenvielfalt wird er als zweitwichtigster Tiergarten des amerikanischen Westens (nach San Diego und vor San Francisco) bezeichnet. Anfahrt: Großer (kostenloser) Parkplatz direkt am Zoo. Öffentlicher Nahverkehr: Bus 96 (ab Downtown, z. B. „Civic Center") bis „L.A. Zoo".

› **Weitere Tipps** für Familien gibt es unter https://la.curbed.com/maps/things-to-do-kids-los-angeles.

Notfälle

Die **zentrale, gebührenfreie Notrufnummer** (Polizei, Krankenwagen und Feuerwehr, kostenlos) lautet **911.** Wenn es sich um **keinen direkten Notfall** handelt, erfährt man unter der Telefonnummer **311** *(non-emergency city services),* wo sich das nächste Polizeirevier befindet. Ansonsten ist die Polizei (LAPD) unter Tel. 1 877 2755273 erreichbar.

Bei Diebstahl (z. B. Reisepass, Kreditkarte) oder sonstigen Verbrechen ist in einer Polizeistation **Anzeige** zu erstatten. Für die Ausstellung eines Ersatzreiseausweises ist die diplomatische Auslandsvertretung (s. S. 102) zuständig. Auch in anderen Notfällen, beispielsweise medizinischer oder rechtlicher Art, bemüht man sich dort, vermittelnd zu helfen. **Polizeidienststellen** gibt es in fast jedem Stadtteil, z. B.:

229 [C3] **LAPD,** 150 N. Los Angeles St., gegenüber dem Rathaus

Kartensperrung

Bei **Verlust der Debit-/Giro-, Kredit- oder SIM-Karte** gibt es für Kartensperrungen eine **deutsche Zentralnummer** (unbedingt vor der Reise klären, ob die eigene Bank bzw. der jeweilige Mobilfunkanbieter diesem Notrufsystem angeschlossen ist). **Aber Achtung:** Mit der telefonischen Sperrung sind die Bezahlkarten zwar für die Bezahlung/ Geldabhebung mit der PIN gesperrt, nicht jedoch für das **Lastschriftverfahren mit Unterschrift.** Man sollte daher auf jeden Fall den Verlust zusätzlich **bei der Polizei zur Anzeige bringen,** um gegebenenfalls auftretende Ansprüche zurückweisen zu können.

Österreicher und **Schweizer** sollten sich vor Abreise bei ihrer Bank oder ihrem Kreditinstitut über den zuständigen Sperrnotruf informieren.

Generell sollte man sich immer die **wichtigsten Daten** wie Kartennummer und Ausstellungsdatum **separat notieren,** da diese unter Umständen abgefragt werden.

- **Deutscher Sperrnotruf (von den USA aus):** Tel. 011 49 116116 oder Tel. 011 49 3040504050
- **Weitere Infos:** www.kartensicherheit.de, www.sperr-notruf.de

Wer dringend Geld benötigt, kann sich dieses von zu Hause über **Western Union/Reisebank** (www.reisebank.de, www.westernunion.de, z.B. an Bahnhöfen/Flughäfen) schicken lassen.

Fundbüros

Nur die öffentlichen Verkehrsbetriebe und LAX (s.S. 98) unterhalten Sammelstellen.

•**230** [eg] **Metro Lost & Found,** 3571 Pasadena Ave. (Heritage Square Station), Tel. 232 9378920, Mo.–Sa. 9–17 Uhr

Öffnungszeiten

In den USA gibt es kein verbindliches Ladenschlussgesetz, was allerdings aber nicht bedeutet, dass jeder Laden rund um die Uhr geöffnet hat. Im Folgenden werden die Kernöffnungszeiten aufgeführt:

- **Geschäfte:** je nach Art und Größe von 9/10 bis mind. 18 Uhr, an Sonntagen nicht alle geöffnet
- **Kaufhäuser/Malls:** 10–19/20, So. meist 11–18/19 Uhr
- **Restaurants:** ca. 12–14 (Lunch) und 18–21/22 Uhr (Dinner)
- **Bürozeiten:** Mo.–Fr. 9–17 Uhr
- **Banken:** werktags 10–14/15 Uhr
- **Postämter:** Mo.–Fr. 8/9–17, Sa. bis 13/14 Uhr
- **Museen und Sehenswürdigkeiten** besucht man am besten Di. bis So. 10 bis 17 Uhr. Oft gibt es an bestimmten Tagen eine längere Abendöffnung.

Post

Briefkästen sind blau-rot und mit der Aufschrift „US-MAIL“ und einem Adler gekennzeichnet. Express Mail und Priority Mail sind schnellere, aber teurere Versandmöglichkeiten. Größere Sendungen schickt man per **parcel service** (z.B. UPS, FedEx, DHL).

Die **Portogebühren** (Stand: 2019) nach Deutschland, Österreich und in die Schweiz betragen für Karten und Standardbriefe bis 1oz (28g) $1,15 (jedes weitere oz: 98c). Die Post braucht ca. 5 bis 7 Tage.

Für **Inlandspost** (Standard oder „First Class“) gilt: Briefe bis 1oz (28g) kosten 50c, jedes weitere oz 21c, Karten 35c.

✉**231** [D2] **US Post Office,** Los Angeles Terminal Annex, 900 N Alameda St.

Sicherheit

Inzwischen ist in L.A. die Gewaltkriminalität enorm zurückgegangen. Bandenkriminalität spielt hingegen immer noch eine große Rolle und den unehrenhaften Ruf, „**Gang Capital of America**“ zu sein, konnte die Stadt noch nicht ablegen. Allerdings liegen die Schwerpunkte in Vierteln – besonders in South und East L.A. –, in denen Besucher nichts verloren haben. Die meisten Touristenattraktionen in L.A., in Hollywood, Beverly Hills, Westwood oder Downtown gelten als sicher.

Wie überall ist bei Massenveranstaltungen und Menschenaufläufen, z. B. in öffentlichen Verkehrsmitteln oder während Veranstaltungen, vor allem wegen **Taschendiebstahl** Vorsicht geboten, doch wer die **üblichen Vorsichtsmaßnahmen** beherzigt, dem sollte nichts passieren. Bargeld sollte man nur in kleineren Mengen mitführen und es ist sinnvoll, für den Notfall von den Originaldokumenten Kopien im Koffer zu haben. An **Stränden** sollte man seine Habseligkeiten im Auge behalten, ebenso in öffentlichen Verkehrsmitteln.

Vor allem in Hollywood und in Downtown sind bettelnde **Obdachlose** häufig, jedoch im Allgemeinen harmlos. Vorsicht vor sogenannten **Hollywood-Talentsuchern**, die vorgeblich nach Talenten für Fotoshootings Ausschau halten. Schlimmstenfalls endet man in einem Pornostudio.

Sport und Erholung

Nach L.A. fährt man nicht zum Radfahren oder Wandern und die Stadt ist auch nicht bekannt für romantische kleine Stadtparks oder *community gardens* wie z. B. New York oder San Francisco. L.A. bedeutet **Fitness- und Schönheitswahn** und **Wellnesseinrichtungen**, gesunde Lebensführung, Selbstfindung und Diäten. Kostenlose Yogakurse wie im Runyon Canyon (www.firegroove.com), asiatische Entspannungstechniken, die kuriosesten Behandlungen und Therapien in zahlreichen Spas (v. a. in Hotels) – dafür ist die Glitzer-Glimmer-Stadt bekannt.

Eine große grüne Erholungsoase ist der **Griffith Park** 37 mit Trails aller Art, Sport- und Spielplätzen sowie Reitställen, **schöne Gartenanlagen** umgeben Getty Villa 33 und Getty Center 32 und der wohl vielseitigste **Botanische Garten** befindet sich um die Huntington Library 40. Ein **grünes Stadtidyll** ist der kleine Park an der Walt Disney Concert Hall 8. Gleiches gilt für den Exposition Park/Rosengarten (s. S. 22) und den Hancock Park (s. S. 34).

Surfing

Surfen ist **der** Nationalsport Kaliforniens. Für Anfänger lohnen Zuma oder Will Rogers State Beach, beliebt sind auch Malibus Surfrider Beach, Bay Street Beach in Santa Monica oder Venice Pier Beach. Wer Surfen lernen möchte, findet hier Anleitung:

› **Surf Academy**, Tel. 424 9039500, www.surfacademycollective.com, Santa Monica
› **Santa Monica Surf School**, http://santamonicasurfschool.com, Tel. 310 5263346

Fitness

› **Gold's Gym**, 360 Hampton Dr./Rose Ave., Venice, www.goldsgym.com/veniceca, $ 20/Tag. „Mecca of Bodybuilding“, hier trainierte schon Arnold Schwarzenegger, ebenso wie im Outdoor Gym am „Muscle Beach“ (Venice Beach Boardwalk).

- **Oak Park,** 3201 Santa Monica Blvd., http://oakparkla.com. „The Spartan Workout" mit 20-Min.-Workouts hoher Intensität, verschiedene Stufen und Klassen.

Radfahren

- **Metro Bike Share,** https://bikeshare.metro.net. Fahrradverleih an mehreren Dutzend Kiosken in und um Downtown und in Santa Monica sowie Long Beach. Der Day Pass kostet $ 5, man muss sich vorher im Internet registrieren.
- Unter www.metro.net/riding/go-bike gibt es **allgemeine Tipps zum Radfahren,** etwa dazu, wie man ein Fahrrad in öffentlichen Verkehrsmitteln mitnimmt.

Sonstiges

- **Sunset Ranch** 3400 N Beachwood Dr., Hollywood, www.sunsetranchhollywood.com. Im Griffith Park gelegene Ställe, die Ausritte anbieten.
- **Venice Beach Skate Park.** Ein Skatepark (www.veniceskatepark.com), der vor allem von „Profis" genutzt wird, allein schon das Zuschauen ist faszinierend.

Zuschauersport

L.A. ist eine Hochburg des Profisports Mit **Basketball** (NBA), **Baseball** (MLB), **Eishockey** (NHL) und **American Football** (NFL) sind alle vier Profi-Nationalsportarten in L.A. vertreten. Dazu bieten die beiden großen Unis, UCLA und USC, sehenswerten **College Football** und **College Basketball.**

Darüberhinaus gibt es zwei **Fußballklubs** in der höchsten Liga (MLS/Major League Soccer): L.A. Galaxy und der LAFC. Galaxy spielt in Carson, im StubHub Center (18400 Avalon Blvd. auf dem Campus der CA State Uni). Das Banc of California Stadium des LAFC befindet sich im Exposition Park (s. S. 22, 22.000 Plätze, 3939 S Figueroa St.) In Anaheim gibt es ebenfalls eine Baseball- und eine Eishockeymannschaft.

S232 [dg] **Dodger Stadium,** Elysian Park Ave., www.mlb.com/dodgers (auch Tour-Infos), Anfahrt: bei Heimspielen eigener Metro-Shuttleservice „Dodger Stadium Express" (ab Bahnsteig 3, Patsaouras Plaza at Union Station, Eintrittskarte gilt als Ticket). Im Elysian Park oberhalb der Innenstadt befindet sich das imponierende, nach dem Baseballklub benannte Dodger Stadium. 1962 eröffnet, finden hier bei Dodgers-Spielen – neben den New York Yankees und den Boston Red Sox eine *der* legendären Baseballmannschaften – jeweils 56.000 Zuschauer Platz.

S233 [A7] **Staples Center,** 1111 S Figueroa St., www.staplescenter.com (auch Ticketinfo), Anfahrt: Metro Rail – Blue, Expo Line bis „Pico". Gegenüber von L.A.

Football's back in town

*Über 20 Jahre musste man in L.A. ohne Profiteam im American Football auskommen, nun gibt es gleich zwei: Die **Rams,** 1936 in Cleveland gegründet, waren schon 1946 bis 1994 in L.A. beheimatet, zogen dann aber nach St. Louis um. Zur Freude der Fans kehrten sie 2016 zurück, ebenso wie die **Chargers.** 1960 in L.A. gegründet, waren sie 1961 bis 2016 in San Diego zu Hause. Beide Teams werden 2020 ein gemeinsames neues Stadion, das LA Stadium at Hollywood Park (www.lased.com) im Vorort Inglewood beziehen. Bis dahin spielen die Rams im L.A. Coliseum und die Chargers im StubHub Center.*

LIVE und neben dem Convention Center steht die 1999 erbaute Sporthalle der Stadt, das Staples Center. Sie ist gleichzeitig Heimat von vier Profiteams: den legendären Basketballern der L.A. Lakers, deren Lokalrivalen, den L.A. Clippers, den Profibasketballerinnen L.A. Sparks und den Eishockey-Cracks L.A. Kings, die 2012 und 2014 zur Freude der ganzen Stadt den Stanley Cup (NHL-Meisterpokal) gewinnen konnten. Zudem finden hier Konzerte statt.

Infos zu den Mannschaften und Tickets für Spiele findet man im Internet auf den folgenden Seiten:

- **Anaheim Ducks** (Eishockey), www.nhl.com/ducks
- **L.A. Angels of Anaheim** (Baseball), www.mlb.com/angels
- **L.A. Clippers** (Basketball), www.nba.com/clippers
- **Los Angeles FC** (Fußball), www.lafc.com
- **L.A. Galaxy** (Fußball), www.lagalaxy.com
- **L.A. Lakers** (Basketball), www.nba.com/lakers
- **L.A. Kings** (Eishockey), www.nhl.com/kings
- **L.A. Sparks** (Frauenbasketball), https://sparks.wnba.com
- **L.A. Dodgers** (Baseball), www.mlb.com/dodgers
- **L.A. Rams** (American Football), www.therams.com
- **L.A. Chargers** (American Football), www.chargers.com
- **USC Trojans** (College Football und Basketball), https://usctrojans.com
- **UCLA Bruins** (College Football und Basketball), https://uclabruins.com

Sprache

Ganz ohne **Englisch** kommt man in L.A. nicht aus, allerdings ist *small talk* auch mit kleinem Wortschatz möglich und die Erwartungshaltung der Amerikaner nicht hoch. Das **Amerikanische** weicht zum Teil vom **Schulenglisch** ab, es gibt Unterschiede bezüglich Wortschatz, Grammatik und Aussprache.

Gewisse **Universalfloskeln** gehören zum guten Ton, z. B. „How are you (today)?“, die Frage nach dem Befinden, aber vor allem auch als Begrüßungsformel genutzt. „Have a nice day/trip“ dient der Verabschiedung, ebenso wie „It was a pleasure/It was nice to meet/meeting you“ oder „See you“. Letzteres ist selten als Einladung gemeint, sondern vielmehr ein legerer Abschiedsgruß.

Baseball im Dodger Stadium – ein besonderes Ereignis!

Stadttouren

Bustouren

•234 [h2] **LA City Tours,** 6806 Hollywood Blvd., gegenüber der Kreuzung Hollywood and Highland, Tel. 323 9600300, www.lacitytours.com. Verschiedene Touren, z. B. Hollywood Celebrity & Star Homes (Minibusse durch Bel Air und entlang dem Sunset Strip) oder Celebrity Homes & Beaches Tour.

•235 [h2] **Starline Tours,** 6925 Hollywood Blvd. Tel. 323 4633333, www.starlinetours.com. Bei „Hop-on, Hop-off Double Decker City Tours" transportieren rote Doppeldeckerbusse Besucher auf vier farblich gekennzeichneten Routen und liefern auch Informationen. Man kann an mehreren Stopps beliebig ein- und aussteigen. In Downtown (Purple Line) sind es 14 Haltestellen, die Red Line hält 15-mal in Hollywood, West Hollywood und Beverly Hills, die Yellow Line führt vom Rodeo Drive und Beverly Hills über Westwood nach Santa Monica und über Century City zurück. Das Ticket kostet $ 49 für 1 Tag. Empfehlenswert sind außerdem die City Tour by Night (www.starlinetours.com/los-angeles-tour-3B.asp) oder die neue zweistündige Young Hollywood Tour (https://younghollywood.com/tours), bei der die beliebten Hangouts junger Stars besucht werden.

Walkingtouren

› **Red Line Tours, Hollywood Behind-the-Scenes Tour,** 6708 Hollywood Blvd., Tel. 323 4021074, http://redlinetours.com/la, tgl. 10/12/14/16 Uhr, $ 27 (in der Go Los Angeles Card enthalten, s. S. 105). Spaziergang durch Hollywood.

› **Venice Beach Walking Tours,** www.venicebeachwalkingtours.com, Tel. 310 3961585. Zwei- bis dreistündige Touren durch Venice Beach, mit oder ohne Lunch ($ 80/40).

› **Studiotouren** siehe S. 31

EXTRATIPP

Old Pasadena kulinarisch

Ein besonderes kulinarisches Erlebnis bieten die Melting Pot Food Tours der Scalia-Schwestern. Während der dreieinhalbstündigen Touren durch Old Pasadena werden verschiedene Lokale, Tee- und Schokoladengeschäfte, ein Olivenölproduzent, eine Gelateria u. a. Lokalitäten besucht, außerdem erfährt man Wissenswertes zur Stadt. Ebenfalls empfehlenswert sind die „East LA Latin Flavors"- und Farmers Market-Touren.

› **Melting Pot Food Tours,** Tel. 424 2479666, www.meltingpottours.com

Spezialtouren

› **Architecture Tours L.A.,** Tel. 323 4647868, www.architecturetoursla.com. Tgl. 9.30 und 13.30 Uhr verschiedene Neighborhood-Tours ($ 75, 2–3 Std.), z. B. Hollywood/Beverly Hills, Silver Lake, Downtown oder West Hollywood. Führerin Laura Massino Smith ist Autorin der „Architectural Tours L.A. Guidebooks".

› **Bikes & Hikes LA,** Tel. 323 7968555, www.bikesandhikesla.com. Umweltfreundlich zu Fuß oder mit dem Fahrrad durch L.A., z. B. „Hollywood Hills Sunset Hike" oder „LA in a Day Bike Tour", außerdem Fahrradverleih.

› **Celebrity Helicopters,** 961 West Alondra Blvd., Compton, Tel. 1 877 9992099, www.celebheli.com. Verschiedene Hubschrauber-Rundflüge über L.A., u. a. Nachttouren. Der Besitzer Robin Petgrave arbeitet auch als Stuntman und gründete das Tomorrow's Aeronautical Museum (T.A.M, www.tamuseum.org), ein interaktives Museum und Hilfsprojekt für Jugendliche zugleich.

- **Las Angelitas del Pueblo,** Tel. 213 6281274, http://lasangelitas.org. Di.–Sa. 10/11/12 Uhr kostenlose 50-Min.-Touren ab El Pueblo Visitor's Center, neben dem Old Plaza Firehouse (südwestliche Ecke der Plaza)
- **Lost Spirits Distillery Tours,** 1235 E 6th St., Tel. 213 5052425, www.lostspirits.net/tours. Zweistündige Tour im Arts District, bei der die hochprozentigen Getränke der Los Spirits Distillery, Rum und Whiskeys, im jeweils passenden Ambiente verkostet werden. Außerdem Tour durch die Herstellung.
- **Six Taste Food Tours,** Tel. 1 888 3130936, www.sixtaste.com. Kulinarische Touren durch *neighborhoods* wie Little Tokyo (3½ Std., $ 65).

Telefonieren

Eine **1** (bzw. aus Deutschland, Österreich, der Schweiz 001) gefolgt von einem dreistelligen **area code** – in Downtown L.A. z. B. 213 – geht der **siebenstelligen Rufnummer** voraus und muss auch bei Ortsgesprächen mitgewählt werden, d. h. vollständig heißt es offiziell z. B. 1 (213) 123 4567. Die Rufnummer kann auch als werbewirksame **Buchstabenkombination** (2 – ABC, 3 – DEF, 4 – GHI, 5 – JKL, 6 – MNO, 7 – PRS, 8 – TUV, 9 – WXY) angegeben sein. Gebührenfrei, aber regional begrenzt, sind Nummern, die mit 1-800, 1-833, 1-844, 1-855, 1-866, 1-877 und 1-888, teuer jene, die mit 1-900 beginnen.

Es existieren mehrere verschiedene **Vorwahlnummern** im Großraum L.A. Die wichtigsten sind **213** (Downtown L.A.), **323** (außerhalb von Downtown, z. B. Hollywood, West Hollywood, Watts), **310 und 424** (West L.A., Beverly Hills, Teile West Hollywoods, Santa Monica, LAX), **714 und 949** (Orange County), **626** (Pasadena) und **818 und 747** (San Fernando Valley).

EXTRAINFO

Internationale Vorwahlen

- nach Deutschland: 011-49
- nach Österreich: 011-43
- in die Schweiz: 011-41
- In die USA: 001

Telefonkarten

In Hotels bereitet Telefonieren kein Problem, es wird meist über Kreditkarte abgerechnet. Öffentliche Fernsprecher sind selten geworden. Bei Telefonkarten wird zwischen **calling cards** (monatliche Abrechnung vom Kreditkartenkonto) und **prepaid** oder **phone cards** (geladen mit einem bestimmten Betrag) unterschieden.

- **www.callingcards.com** – Übersicht über Anbieter und Preise

Mobile Phone (Handy)

Der eingedeutschte Begriff „Handy" existiert im Amerikanischen nicht, das Wort *handy* heißt nichts anderes als „handlich", „praktisch" oder „geschickt". Man spricht von *cell(ular)* oder *mobile (phone).*

Wegen der **Roaming-Gebühren** im nichteuropäischen Ausland können bei Nutzung einer mobilen Datenverbindung **hohe Kosten anfallen.** Daher sollte man bei seinem Netzbetreiber Informationen über günstigere Auslandsdatenpakete einholen oder die Mobile-Daten-Option deaktivieren und nur über kostenlose WLAN-Netze online gehen. Bei längeren Aufenthalten kann der Kauf einer amerikanischen SIM-Karte sinnvoll sein.

Uhrzeit und Datum

Die USA sind in vier Hauptzeitzonen eingeteilt – Eastern Time, Central Time, Mountain Time, Pacific Time –, die eine Verschiebung von der mitteleuropäischen Zeit (MEZ) um 6 bis 9 Stunden bedeuten. In L.A. gilt **Pacific Time**, d.h. **9 Stunden Zeitverschiebung.** Zeigt die Uhr in Mitteleuropa 18 Uhr, ist es in L.A. 9 Uhr morgens.

In den USA wird bei der Uhrzeit nicht bis 24 durchgezählt, sondern nur bis 12. Die Zufügung von **a.m.** (ante meridiem) weist auf vormittags, **p.m.** (post meridiem) auf nachmittags hin. 12 Uhr mittags heißt *noon*, 0 Uhr *midnight*. **Sommerzeit** *(daylight saving time/DST)* herrscht in den USA vom 2. Sonntag im März bis zum 1. Sonntag im November. Das **Datum** wird in der Reihenfolge Monat–Tag–Jahr angegeben, z.B. June 30, 2019 oder kurz 6/30/2019.

Unterkunft

Die Hoteloptionen in L.A. sind breit gestreut. Bei der Hotelwahl sollte auch das geplante Besuchsprogramm ein Kriterium sein, da man so die Wege verkürzen kann. Hollywood und West Hollywood sind hoteltechnisch wohl die beliebtesten Ziele, Downtown ist ebenfalls gut ausgestattet. Beverly Hills hat die wohl luxuriösesten Hotels zu bieten, für Strandliebhaber sind Santa Monica oder Venice geeignete Standpunkte. Wer nur einen Zwischenstopp einlegt, könnte ein Hotel in Flughafennähe wählen.

Die **Preisschwankungen** sind in Los Angeles relativ groß und dazu stark abhängig von Lage (v.a. die Westside, Beverly Hills, Hollywood und Santa Monica/Venice sind eher teuer), Events, Messen und Veranstaltungen. Auch Wochen- und Feiertage spielen eine Rolle, aber andererseits gibt es in flauen Zeiten manchmal günstige Angebote. Der offizielle **Durchschnittspreis** liegt bei gegenwärtig rund $ 175 pro Doppelzimmer, dazu kommt in der City of L.A. immer eine Steuer von 14 %.

Eine **Buchung im Voraus** ist ganzjährig ratsam, sei es über Reiseveranstalter oder – meist preiswerter – auf eigene Faust im Internet, z.B. bei Hotelbrokern wie Expedia bzw. hotels.com oder bei www.discoverlosangeles.com/hotels.

Hoteltipps

Downtown

236 [B6] **Freehand** $-$$$, 416 W 8th St., Tel. 213 6120021, https://freehandhotels.com/los-angeles. **Ungewöhnliches Konzept:** freundlich eingerichtete, helle Zimmer und Schlafsäle mit bis zu acht (preiswerten) Betten auf 13 Etagen im Commercial Exchange Building von 1924. Mit Lounge, Restaurant, Bar und Pool auf dem Dach.

237 [A6] **Hotel Figueroa** $$$, 939 S Figueroa St., Tel. 213 6278971, www.hotelfigueroa.com. **Frisch renoviert in einem historischen Bau von 1926 im Herzen von Downtown:** 268 moderne Zimmer und Suiten verschiedenen

Preiskategorien

Die Kategorien unten beziehen sich auf den Preis für ein normales Doppelzimmer zuzüglich Steuern, ohne Frühstück.

$	unter $ 100
$$	unter $ 150
$$$	ca. $ 150–250
$$$$	über $ 250

Zuschnitts mit Schallschutzfenstern. Restaurants, Bars und Dachterrasse.

238 [A5] **InterContinental Los Angeles Downtown** $$$$, 900 Wilshire Blvd., Tel. 213 6887777, http://dtla.intercontinental.com. **Ganz hoch oben:** im Wilshire Grand Building, dem höchsten Wolkenkratzer der Stadt mit 73 Stockwerken, befinden sich 889 Zimmer und 110 Suiten. Sky Lobby mit Ausblick!

239 [A7] **JW Marriott Los Angeles at L.A. LIVE** $$$-$$$$, Tel. 213 7658600, www.marriott.com/hotels/travel/laxjw-jw-marriott-los-angeles-la-live. **Höchster Luxus mit Ausblick:** zu L.A. LIVE gehöriges Hotel mit allem Komfort. In den oberen Etagen befindet sich als weitere Steigerung das **Ritz-Carlton** mit 123 Zimmern, Rooftop-Pool und Restaurant.

240 [C4] **Kawada Hotel** $$-$$$, 200 S Hill St., Tel. 213 6214455, www.kawadahotel.com, Tel. 1 800 7529232. **Schickes Boutiquehotel in günstiger Downtown-Lage:** geschmackvolle Zimmer, gute Betten, Küllschrank und Mikrowelle, mit Glück zu einem günstigen Preis.

241 [B5] **Millennium Biltmore Los Angeles** $$$$, 506 S Grand Ave., Tel. 213 6241011, www.millenniumhotels.com. **Hollywood-Glamour von 1923:** altehrwürdiges Nobelhotel. Fast 700 Zimmer, mehrere Lokale und günstige Lage. Preiswertere „Special Offers".

0931a Abb.: mb

242 [B6] **O Hotel** $$-$$$, 819 S Flower St., https://ohotelgroup.com, Tel. 213 6239904. **„Fancy and hip":** Boutiquehotel in einem historischen Bau mit 67 Zimmern, nahe L.A. LIVE. Zimmer eher klein, doch technisch und auch sonst gut ausgestattet, etwas laut, aber preiswert (auch das Parken). Zugehörig: The Burrow Bar und BKLA Restaurant.

243 [B5] **Standard Downtown Hotel** $$$$, 550 S Flower/6th St., Tel. 213 8928080, www.standardhotels.com/los-angeles. **Mit Dachterrassenbar und -pool:** extravagantes, technisch perfekt ausgestattetes Boutiquehotel mit 24/7-Restaurant. Man trifft sich auf dem Dach! Weitere Filiale: 8300 Sunset Blvd. (West Hollywood).

Hollywood und Westside

244 [bg] **Beverly Hills Hotel** $$$$, 9641 Sunset Blvd., Tel. 310 276 2251, www.dorchestercollection.com/en/los-angeles/the-beverly-hills-hotel. **Sich fühlen wie ein Filmstar:** historisches 5-Sterne-Hotel, „Pink Palace", mit legendärer Gästeliste. Über 200 hervorragend ausgestattete, elegante Doppelzimmer verschiedener Typen (auch Suiten und Bungalows), teils mit Balkon. Mehrere Bars, Lounges und Lokal, alles umgeben von tropischer Grünanlage.

245 [d5] **ÉLAN Hotel** $$$, 8435 Beverly Blvd., Tel. 323 6586663, www.elanhotel.com. **Zwischen Beverly Hills und West Hollywood gelegenes Boutiquehotel:** 49 Zimmer, inkl. Frühstück, WLAN und Weinumtrunk.

246 [h2] **Hollywood Roosevelt Hotel** $$$-$$$$, 7000 Hollywood Blvd., Tel. 323 4667000, www.thehollywoodroosevelt.com. **Altehrwürdiger Bau mit modernem Luxus:** Hotel von 1927, in dem schon Hollywoodstars genächtigt haben und wo die ersten Oscars vergeben wurden. 300 Zimmer verschiedener Typen.

247 [bg] **Hotel Bel-Air** $$$$, 701 Stone Canyon Rd., Tel. 310 4721211, www.dorchestercollection.com/en/los-angeles/hotel-bel-air. **Fast eine Privatvilla im Grünen:** Anziehungspunkt der Prominenz mit über 100 sehr teuren, sehr edlen Zimmern und Suiten in einem Gebäude im Colonial Style und umgeben von einer paradiesischen Gartenanlage.

248 [e7] **Hotel Wilshire** $$$$, 6317 Wilshire Blvd., Tel. 323 8526000, www.hotelwilshire.com. **Boutiquehotel der Kimpton Group:** modernes, umweltfreundliches, LEED-zertifiziertes Hotel mit 74 Zimmern, schickem Interieur und Ausblick auf die Skyline, dazu Dachterrasse mit Pool, Restaurant und Lounge. Gratis-WLAN und -Wein am Abend. Zimmer im Retro-Look mit großformatigen bunten Mustern und schicken Möbeln.

249 [bg] **InterContinental Hotel – Los Angeles Century City** $$$-$$$$, 2151 Avenue of the Stars, Tel. 310 2846500, www.intercontinentallosangeles.com. **Stilvoll vom Eingang bis zum Zimmer:** günstig in der Westside gelegenes Tophotel mit 363 luxuriösen Zimmern mit Balkonen (teils toller Ausblick!). Zugehörig: Restaurant, Copper Lounge (Bar) und Spa, Fitnesscenter und Pool.

250 [bg] **Maison 140 Beverly Hills** $$$, 140 S. Lasky Dr., Beverly Hills, Tel. 310 2814000, www.maison140.com. **Klein, aber fein:** ruhig am Rand des Golden Triangle gelegenes Boutiquehotel mit 44 Zimmern und kleiner Bar. Idealer Standort, um Westside und Beaches zu erkunden. Benachbartes Partnerhotel: Mosaic Hotel (www.mosaichotel.com).

LAX

251 [ci] **Best Western Plus Suites Hotel** $$, 5005 W Century Blvd., Inglewood, Tel. 310 6777733 , www.bestwestern.com. **Viel Komfort vor dem Abflug:** komfortable Zimmer mit großem Bad, Mikrowelle, Kühlschrank und Kaffee-/Teemaschine, Frühstück und LAX-Shuttle inklusive.

252 [bi] **Cambria LAX El Segundo** $$-$$$, 199 Continental Blvd., Tel. 310 69650555, www.cambrialax.com. **Neues Hotel der Choice-Kette** mit gut 150 Zimmern und Suiten. Gute technische Ausstattung und in Beach-Nähe. Mit CAMBRiA Bar & Lounge.

253 [ci] **Four Points Hotel Los Angeles International Airport** $$$, 9750 Airport Blvd., Tel. 310 6454600, www.fourpointslax.com. **Nur 5 Min. von LAX entfernt:** mit Shuttleservice, Pool, Café und großen, gut ausgestatteten Zimmern.

EXTRAINFO

Buchungsportale

Neben Buchungsportalen für Hotels (z. B. www.booking.com, www.hrs.de, www.hotels.com, www.expedia.de oder www.trivago.de) bzw. für Hostels (z. B. www.hostelworld.de oder www. hostelbookers.de) gibt es auch Anbieter, bei denen man Privatunterkünfte buchen kann. Portale wie www. airbnb.de oder www.vrbo.com vermitteln Wohnungen, Zimmer oder auch nur einen Schlafplatz auf einer Couch (www.couchsurfing.com). Diese oft recht günstigen Übernachtungsmöglichkeiten sind **nicht unumstritten**, weil manchmal normale Wohnungen gewerblich missbraucht werden. Wenn die Stadt regulierend eingreift, kann das zu kurzfristigen Schließungen führen. Eine Buchung unterliegt also einem gewissen **Restrisiko.**

◁ *JW Marriott und Ritz-Carlton Hotel im Vergnügungsviertel L.A. LIVE* 13

Anaheim

254 Disneyland Hotel $$$-$$$$, 1150 Magic Way, und

255 Disney's Grand Californian Hotel & Spa $$$-$$$$, 1600 Disneyland Dr., und

256 Disney's Paradise Pier Hotel $$$-$$$$, 1717 S Disneyland Dr., https://disneyland.disney.go.com/hotels, Tel. 714 5205045. Drei Hotels im bzw. am Rand des Vergnügungsparks. Die idealen Unterkünfte für Familien!

257 Portofino Inn & Suites $$-$$$, 1831 S Harbor Blvd. www.portofinoinnanaheim.com, Tel. 714 7827600. **Erschwinglich und perfekt für Familien:** großzügig angelegter Hotelkomplex mit geräumigen Zimmern in schöner Anlage, auch kombiniert mit Disneyland-Tickets buchbar, Parken kostenlos.

Valleys

258 [bf] **Sportsmen's Lodge Hotel** $$-$$$, 12825 Ventura Blvd., Studio City, www.sportsmenslodge.com, Tel. 818 7694700. **California Feeling rund um den Pool:** nur ca. 5 km von den Universal Studios entfernt gelegenes Familienhotel mit 190 geräumigen Zimmern (teils mit Balkon), Lokalen und tollem Poolbereich.

California Feeling bietet das Sportsmen's Lodge Hotel

Beaches

259 [Seite 43] **Fairmont Miramar Hotel & Bungalows** $$$-$$$$, 101 Wilshire Blvd., Santa Monica, Tel. 1 866 5404470 o. 310 5767777, www.fairmont.com/santamonica. **Luxus mit Meerblick und Park:** *Miramar* ist spanisch und bedeutet „Seeblick" und den haben die meisten Zimmer. Ende des 19. Jh. erbaut von John P. Jones, einem früheren Senator und Silberbaron, gelangte das Privatanwesen 1921 in den Besitz von Gilbert Stevenson. 1924 kamen Gästebungalows dazu, die gerne von Stars und Politikern gebucht werden. Im Haupthaus nächtigen die „normalen" Gäste. Von abendlichen Cocktails am Koi-Teich, einer schönen Poolanlage, einem Health Club und Spa über das Fig Restaurant, in dem saisonale Gerichte lokaler Provenienz serviert werden, bis hin zur Lobby Lounge fehlt es an nichts.

260 [Seite 43] **Hotel Erwin** $$$-$$$$, 1697 Pacific Ave., Venice Beach, Tel. 1 800 7867789, www.hotelerwin.com. **Funky und bunt:** nur wenige Schritte von Venice Beachs legendärem „Muscle Beach" gelegenes Boutiquehotel. Mit modern ausgestatteten Zimmern und Suiten mit Balkonen und teils mit Meerblick. Hauptanziehungspunkt ist die Rooftop Bar. Im „Barlo", angrenzend an die Lobby, gibt es ganztägig Essen und eine Bar.

261 [Seite 43] **Inn at Venice Beach** $$$, 327 Washington Blvd., Venice Beach,

052la Abb.: mb

www.innatvenicebeach.com, Tel. 319 8212557. **Nahe dem Boardwalk, im Stil der 1950er-Jahre:** kleines Hotel mit 43 schönen Zimmern etwas abseits des Strands und mit Innenhofcafé. Das Frühstück ist im Zimmerpreis inklusive, ebenso das WLAN. Günstiges Parken, auch diverse Packages buchbar.

262 [Seite 43] **Loews Santa Monica Beach Hotel** $$$$, 1700 Ocean Ave., Santa Monica, Tel. 310 4586700 oder Tel. 1 866 5639792, www.santamonicaloewshotel.com. **Sehr exklusiv und direkt am Strand:** traumhaftes Strandhotel am Santa Monica Pier mit luxuriösen Zimmern, teils mit Meerblick.

263 [Seite 43] **Shore Hotel** $$$$, 1515 Ocean Ave., Santa Monica (gegenüber S. M. Pier), Tel. 310 4581515, www.shorehotel.com. **Umweltbewusst betrieben:** Boutiquehotel mit Glaslobby (Meerblick) und164 Hotelzimmern mit Balkonen.

264 [Seite 43] **The Cadillac** $$-$$$, 8 Dudley Ave., Venice Beach, Tel. 310 3998876, www.thecadillachotel.com. **Zwischen Venice und Santa Monica:** am Ocean Front Walk gelegenes, schlichteres Art-déco-Hotel von 1914 mit Topausblick.

Bed and Breakfast

Eine **Liste von Privatzimmern** in verschiedenen Preiskategorien, Komfortstufen und Vierteln gibt es beispielsweise auf:

- www.bedandbreakfast.com/los-angeles-california.html
- www.bbonline.com/united-states/california/los-angeles

Hostels und Jugendherbergen

265 [j2] **Banana Bungalow Hollywood** $, 5920 Hollywood Blvd., Tel. 323 4692500 oder Tel. 1 877 9775077, www.bananabungalow.com. **Cool für junge Leute:** Schlafsaal und Zimmer, mit Patio und Küche. Gratis-Internet, -Frühstück und andere Vergünstigungen. Filiale: 603 N Fairfax Ave., West Hollywood.

266 [i2] **USA Hostels – Hostel Hollywood** $, 1624 Schrader Blvd., Tel. 1 323 4623777 oder Tel. 1 800 5246783, www.usahostels.com/locations/hollywood. **Preiswert und Frühstück inklusive:** gut ausgestattete, saubere Herberge mit Schlafsälen und Zimmern.

267 [h2] **Walk of Fame Hostel** $, 6820 Hollywood Blvd., Tel. 323 4622750, https://walkoffamehostel.com. **Verschiedene Optionen:** Es gibt Betten im Schlafsaal, aber auch Doppelzimmer, inklusive Frühstück und Bettwäsche.

Boutiquehotel mit Ausblick: das Hotel Erwin in Venice Beach

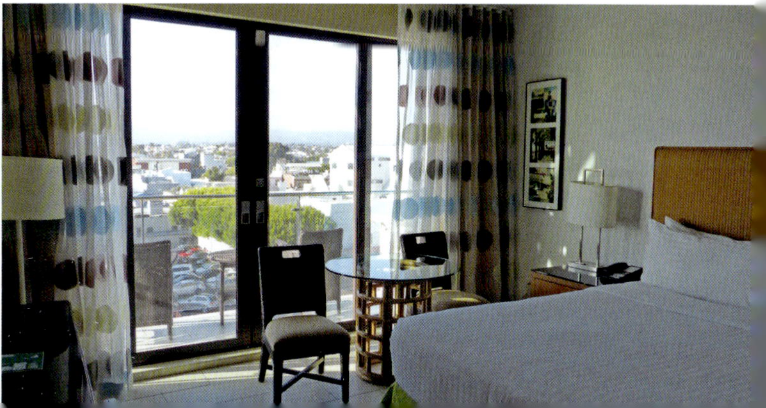

0741a Abb.: mb

Eine ausführliche Liste von weiteren Hostels und Billigunterkünften mit Beschreibungen und Sofortbuchungsmöglichkeit gibt es unter:

- www.hostels.com/los-angeles/usa
- www.hiusa.org/hostels/california/los-angeles

Verhaltenstipps

Auch wenn L.A. als oberflächlich, „lässig" und „relaxt" gilt, gelten durchaus amerikanische Umgangsformen: Freundlichkeit, Hilfsbereitschaft, Diskretion und Disziplin. Der Kunde ist König. Vordrängen, Muffigkeit, Aggressivität und Hektik sind verpönt.

Dos und Dont's – amerikanische Besonderheiten

- **Trinkgeld** *(tip/gratuity)* ist nicht inklusive und die Löhne der Beschäftigten im Dienstleistungsgewerbe gering. Im Restaurant werden mind. 15 (eher 20) % *tip* erwartet. Auch Taxifahrer oder Zimmermädchen erhoffen sich ein Trinkgeld.
- **Alkohol** darf nicht an unter 21-Jährige verkauft, ausgeschenkt und generell nicht öffentlich konsumiert werden.
- **Händeschütteln** ist bei der Begrüßung eher unüblich, dafür werden altersunabhängig sofort die Vornamen benutzt.
- Amerikanische **Tischsitten** unterscheiden sich besonders beim Hantieren mit dem Besteck von den europäischen: Amerikaner schneiden mit dem Messer vor und benutzen dann nur noch die Gabel. Beidhändig zu essen identifiziert den Europäer. Selbst in Toplokalen kann man sich Essensreste einpacken lassen oder nur kostenlos serviertes Leitungswasser *(tap water)* trinken.
- **Toiletten** nennt man nie *toilet*, sondern immer *restroom*, *ladies'* bzw. *men's room*, *bathroom* oder *powder room*.

Verkehrsmittel

Nahverkehrsmittel

Das Nachverkehrssystem in L.A. ist besser als sein Ruf, wären da nur nicht die riesigen Entfernungen! Die **Los Angeles County Metropolitan Transportation Authority**, kurz **„Metro"**, betreibt Busse und Schnellbahnen (Metrolink), die teils unter-, teils oberirdisch fahren.

Da **Metro Rail** und **Metro Busses** viele Viertel und Sehenswürdigkeiten, wie Downtown, Little Tokyo, Koreatown, Hollywood, Universal City, North Hollywood, Chinatown, Pasadena oder Long Beach miteinander verbinden, kann ihre Nutzung auch für Besucher eingeschränkt empfehlenswert sein.

Metrolink sind unabhängig davon betriebene Nahverkehrszüge, die ab Union Station in erster Linie von Pendlern genutzt werden (Preise nach Entfernung, z.B. Union Station–Anaheim $8,75, www.metrolinktrains.com).

Metro Bus und DASH

Busfahren ist aufgrund der Entfernungen und Staus für Besucher zeitaufwendig und erfordert etwas Kartenstudium/Ortskenntnis. Metro betreibt verschiedene Bustypen: **Local** (orange, häufige Stopps, Nr. 1–299), **Express** (eingeschränkte Stopps, Nr. 300–399, Express Nr. 400–599, blau) und, als schnellste Variante, rote **Rapid-Busse** (700er-Nummern), die entlang dem Freewaysystem nur selten halten.

- **Infos:** www.metro.net

DASH untersteht der City of Los Angeles Transportation (LADOT) und verkehrt als **DASH Downtown** auf fünf

Linien in der Innenstadt (Fixpreis pro Fahrt $ 0,50, Mo.–Fr. je nach Route unterschiedlich, meist 6–18 Uhr, alle 5–20 Min., Route E/F auch Sa./So.). In anderen Orten wie Hollywood gibt es weitere DASH-Linien.

› Infos und Pläne: www.ladottransit.com/dash

Metro Rail

Empfehlenswert, da schnell und vom Streckennetz gut überschaubar, ist **Metro Rail**, teils unter-, teils überirdisch verkehrende Schnellbahnlinien, die aus der Innenstadt herausführen. Kurioserweise werden auch zwei Buslinien (Silver und Orange) dazugerechnet. Die Linien sind durch verschiedene Farben gekennzeichnet:

› **Red Line:** von Downtown (Union Station) nach Hollywood, Universal City und North Hollywood, von hier weiter mit der Orange Line
› **Blue Line:** von Downtown (7th St./Metro Center Station) durch South Los Angeles nach Long Beach
› **Green Line:** von Norwalk entlang der I-105 mit Anschluss an LAX nach Redondo Beach (South Bay)
› **Purple Line:** von Downtown (Union Station) nach Koreatown (Wilshire)/Western. Erweiterung durch Beverly Hills und Century City nach Westwood im Bau.
› **Gold Line:** von East L.A. durch Downtown (Arts District, Union Station, Chinatown) nach Pasadena und weiter ins San Gabriel Valley („APU/Citrus College“). Verlängerung im Bau.
› **Expo Line:** von Downtown (7th St./Metro Center Station) über Expo Park nach Culver City und bis Santa Monica
› **Silver Line:** Schnellbuslinie zwischen South L.A. (San Pedro), Downtown (Stops an L.A. LIVE, Staples Center, Walt Disney Concert Hall, MOCA, Union Station) und East L.A.
› **Orange Line:** Hightech-Buslinie mit eigener Fahrtrasse von North Hollywood durch das San Fernando Valley zum Warner Center bzw. nach Chatsworth.

Metro-Informationen und -Fahrpreise

Es gibt mehrere **Kundenzentren** (Metro Customer Centers), zentral liegt:

•**268** [D2] **Union Station/Gateway Transit Center,** East Portal, Mo.–Fr. 6–18.30 Uhr, Tel. 1 800 2666883. Infos zu Metro-Bussen und Metro-Rail.

› **Pläne und Fahrpläne** zum Herunterladen: www.metro.net

Bezahlt wird mit der **TAP Card,** einer elektronischen, wiederaufladbaren Karte, die einmalig $ 2 kostet und an Automaten, in Bussen und bei anderen Verkaufsstellen erhältlich ist. In **Bussen** kann mit abgezähltem Fahrpreis **auch bar** gezahlt werden. Die TAP Card muss beim Zugang an den Scanner der Schranke gehalten werden.

Die **Einzelfahrt** kostet $ 1,75, ein **Tagespass** $ 7, ein **Wochenpass** $ 25. Zwei Kinder unter 5 Jahren fahren gratis mit. Silver Line und Metro Express Busses kosten mehr ($ 2,50 bzw. Freeway-Aufschlag). Einmaliges Umsteigen innerhalb von 2 Std. ist erlaubt.

Taxis

Aufgrund der großen Distanzen können Taxifahrten in Los Angeles ins Geld gehen. Häufig sind Fahrdienste wie **Uber** (www.uber.com) oder **Lyft** (www.lyft.com) die preiswertere Alternative.

Die Grundgebühr für eine Taxifahrt beträgt $ 2,85, pro Meile kommen dann $ 2,70 dazu, plus Aufschläge, z. B. für Fahrten zum Flughafen,

Sondergepäck, Staus oder Wartezeiten. Am Flughafen, vor Hotels und an Bahnhöfen sind leicht Taxis zu bekommen.

Versicherungen

Eine Versicherung ist in den USA absolut unverzichtbar: eine private **Auslandskrankenversicherung.** Da die Kosten für eine ärztliche Behandlung von den gesetzlichen Krankenversicherungen in Deutschland und Österreich (Schweizer sollten bei ihrem Versicherer nachfragen!) nicht übernommen werden, können im Krankheits- oder Notfall in den USA sonst hohe Kosten anfallen. Am günstigsten sind Jahres- bzw. Familienkrankenversicherungen. Zur Erstattung der Kosten zu Hause benötigt man ausführliche Quittungen.

Es ist nicht immer sinnvoll, **weitere Versicherungen** wie Reiserücktritts-, Gepäck-, Reisehaftpflicht- oder Reiseunfallversicherung abzuschließen. Sie enthalten meist viele Ausschlussklauseln und zudem sind gewisse Schäden und Verluste auch durch bereits existierende Versicherungen wie eine Privathaftpflicht oder eine Unfallversicherung abgedeckt. Auch in manchen (Gold-)Kreditkarten sind bestimmte Versicherungen schon enthalten.

Wetter und Reisezeit

Für Los Angeles gibt es keine eigentlich schlechte Reisezeit. Selten ist das Wetter länger anhaltend schlecht, die Luftfeuchtigkeit ist gering und Regen selten. Es herrscht **mediteranes** oder **subtropisches Klima** mit trockenen Sommern und **330 Tagen Sonnenschein.** Die Monate **Mai bis Oktober** sind heiß und trocken mit Durchschnittstemperaturen um die 23 bis 29 °C, mindestens aber 14 bis 19 °C. Oft werden jedoch – v. a. im Inland – sogar über 30 °C erreicht. Die Monate von **November bis April** sind im Allgemeinen mild mit höherer Regenwahrscheinlichkeit und durchschnittlichen Temperaturen zwischen 20 und 12 °C. Regen fällt vor allem von **Januar bis März.**

Charakteristisch sind die vielen Mikroklimate, die Unterschiede von bis zu 10 Grad zwischen Inland und Küste zur Folge haben können. Ein Wetterphänomen heißt **June Gloom** bzw. **May Gray** und es weist auf neblige, graue Verhältnisse an der Küste an Vormittagen hin, die sich bis mittags in Sonne verwandeln, was v. a. im späten Frühjahr und Frühsommer eintritt.

Beste Reisezeiten sind September, Oktober und – allerdings bei schnelleren Wetterwechseln und mehr Regenschauern – das Frühjahr bzw. der Frühsommer (Mai/Juni).

Durchschnitt	Wetter in Los Angeles											
Maximale Temperatur	19°	19°	19°	20°	21°	22°	24	25°	25°	24°	21°	19°
Minimale Temperatur	9°	10°	10°	12°	14°	15°	17°	18°	17°	15°	12°	9°
Regentage	5	5	5	3	1	0	0	0	1	1	3	4
Wassertemperatur	14°	14°	15°	15°	16°	18°	19°	20°	19°	18°	16°	15°
	Jan	Febr	März	Apr	Mai	Juni	Juli	Aug	Sept	Okt	Nov	Dez

ANHANG

006la Abb.: mb

Kleine Sprachhilfe Amerikanisch

Für einen tieferen Einstieg in die Sprache seien an dieser Stelle die Reisesprachführer „Amerikanisch – Wort für Wort“ (Kauderwelsch-Band 143), „American Slang“ (Kauderwelsch-Band 29) und „More American Slang“ (Kauderwelsch-Band 67) aus dem REISE KNOW-HOW Verlag empfohlen.

Begrüßung und Höflichkeit

Guten Morgen	*Good morning* (bis mittags)
Guten Tag	*Good afternoon* (ab mittags)
Guten Abend	*Good evening*
Gute Nacht	*Good night*
Auf Wiedersehen	*Goodbye/Bye-bye/ See you* (umgangssprachlich)
Willkommen!	*Welcome!*
Mein Name ist ...	*My name is ...*
Wie heißen Sie?/Wie heißt du?	*What's your name?*
Schön Sie/Dich kennenzulernen/zu sehen.	*Nice/Good to see you.*
Entschuldigen Sie ...	*Excuse me, please, ...* (bei Fragen)
Verzeihung!	*Sorry/Pardon me!*
Bitte	*Please* (bei Fragen, Bitten)
Danke	*Thank you/Thanks*
Bitte, gern geschehen	*You are (very) welcome*
Könnten Sie mir bitte sagen ...	*Could you, please, tell me ...*

Allgemeine Fragen und Wendungen

Ich bin/Wir sind ...	*I am .../We are ...*
Das ist/sind ...	*This is/These are ....*
Wo ist/sind ...?	*Where is/are ...?*
Wo kann ich ... bekommen?	*Where can I get ...?*
Was ist das?	*What's that?*
Haben Sie ...?	*Have you got ...? I am looking for ...*
Wie viel kostet ...?	*How much is ...?*
Ich verstehe nicht.	*I don't understand.*
Sprechen Sie Deutsch?	*Do you speak German?*
Wie heißt das auf Englisch?	*What's that in English?*
vielleicht	*perhaps, maybe*
wahrscheinlich	*probably*
Ist es möglich ...?	*Is it/Would it be possible ...?*
Wer?	*Who?*
Was?	*What?*
Wie?	*How?*
Wie viel(e)?	*How much?* (Menge) *How many?* (Anzahl)

+++ Die wichtigsten Wörter mit dem Bonus-Audiotrack des Kauderwelsch-

Zeit

Wie spät ist es?	*What time is it?*
Es ist 10 Uhr.	*It's 10 a.m. (ante meridiem)*
Es ist 22 Uhr.	*It's 10 p.m. (post meridiem)*
Mittag/Mitternacht	*noon/midnight*
heute	*today*
morgen	*tomorrow*
gestern	*yesterday*
morgens	*in the morning*
nachmittags	*in the afternoon*
abends	*in the evening*
früh/früher	*early/earlier*
spät/später	*late/later*

Wochentage

Montag	*Monday*	Freitag	*Friday*
Dienstag	*Tuesday*	Samstag	*Saturday*
Mittwoch	*Wednesday*	Sonntag	*Sunday*
Donnerstag	*Thursday*	Feiertag	*holiday*

Geldangelegenheiten

Geld, Kleingeld, Bargeld	*money, change, cash*
1 Dollar ($)	*„buck" (100 cent)*
1/5/10/25 Cent (c.)	*penny/nickel/dime/quarter*
Tausender	*grand*
Geldautomat	*ATM (automated teller machine)*
Kreditkarte	*credit card*
Reisescheck	*travelers cheque/check*
Ausweis	*ID (identification papers/card), passport*
Steuer	*tax*
Gebühr	*fee*

Unterwegs

Wie weit ist es bis …?	*How far is it to …?*
Ist das der richtige Weg nach …?	*Is this the right way to …?*
Nord, Süd, Ost, West	*north, south, east, west*
links, rechts	*left, right*
geradeaus, zurück	*straight (ahead), back (to)*
Ampel, Kreuzung	*traffic light(s), junction*
Auto/Mietwagen	*car, vehicle/rental car*
Autovermietung	*car rental station*

Lastwagen	*truck*
Motorrad	*motorcycle, bike*
Benzin	*gas*
Tankstelle	*gas station*
Führerschein	*driver's license*
Panne/Pannenhilfe	*breakdown/roadside assistance*

Öffentliche Verkehrsmittel

Fahrkarte	*ticket*
Tageskarte	*day pass*
einfache Fahrt	*one-way trip*
hin und zurück	*round trip*
Schienenverkehr (Tram, U-/S-Bahn)	*light rail*
Straßenbahn	*tram, streetcar*
U-Bahn	*subway, metro*
(Bus-)Bahnhof/-Haltestelle	*(bus) station/stop*
Zug/Bahnhof	*train/train station, railroad station*
Schiff/Fähre	*boat/ferry*

Unterkunft

Haben Sie ein Zimmer frei?	*Any vacancy? Do you have a room available?*
Zimmer frei/besetzt (Schilder)	*Vacancy/No vacancy*
Reservierung	*reservation*
Einzel-/Doppelzimmer	*single/double room*
... mit einem Bett/	*... with one (king-size)/*
... mit zwei Betten	*... with two (queen-size) beds*
... mit Frühstück	*... with breakfast included*
Badezimmer	*bathroom*
Dusche, Badewanne	*shower, bathtub*
WC	*bathroom, restroom, ladies'/men's room*
behindertengerecht	*handicapped accessible/ handicap-accessible*
Aufzug, Treppe, Rolltreppe	*elevator, stairs, escalator*
Stockwerk	*floor*
Parterre/erster Stock	*ground floor oder first floor/second floor*

Essen und Trinken

Speisekarte	*menu*
Ich möchte ... bestellen	*I would like (to order) .../I will take ...*

Rechnung	*check*	Mittagessen	*lunch*
Tagesgericht	*daily special*	Abendessen	*dinner/supper*
Vorspeise	*appetizer*	Bedienung (m/w)	*waiter/waitress*
Hauptgericht	*entree/entrée*	Trinkgeld	*tip, gratuity*
Nachspeise	*dessert*	essen	*to eat*
Frühstück	*breakfast*	trinken	*to drink*

Register

A
Abkürzungen 140
Academy Awards 27, 83
Academy Museum of Motion Pictures 58
Alkohol 71, 101
American Football 115
Amerikanisch 116, 128
Anaheim 52
Angel City Jazz Fest 84
Anreise 98
Apotheken 111
Apps 141
Aquarium of the Pacific 47
Architektur 62
Arts District 16
Ärzte 111
Auslandskrankenversicherung 126
Autofahren 100
Autos 96
Autry, Gene 49

B
Bahn 99
Barrierefreies Reisen 102
Bars 71
Baseball 115
Basketball 115
Beach Cities 40
Bed and Breakfast 123
Behinderte 102
Bel Air 32
Bergamot Station 61
Beverly Hills 32, 36
Bücher 80
Bus 99

C
Cafés 70
California African American Museum 58
California ScienCenter 23
Cathedral of Our Lady of the Angels 18
Chinatown 16
Chinese New Year 83
Chinese Theatre 27
Cinco de Mayo 83
City Hall 17

D
DASH 124
Daytime Emmys 83
Debitkarte 104, 113
Diplomatische Vertretungen 102
Discos 73
Disneyland 52
Disney, Lillian 18
Disney, Walt 18, 52, 55
Dodger Stadium 115
Dolby Theatre 27
Donald Duck 55
Downtown 14
Drugstores 111

E
EC-Karte 104, 113
Egyptian Theatre 28
Einkaufen 45, 77
Einreise 103
Ein- und Ausreisebestimmungen 102
Eishockey 115
Elektrizität 104
El Pueblo de Los Angeles 14
Englisch 116, 128
Erdbeben 88
Erholung 114
Essen 65
ESTA 102
Events 83
Exposition Park 22

F
Fahrrad 115
Farmers Markets 81
Fashion District 21
Feiertage 84
Feuchtwanger, Lion 41
Feuerwehr 112
FIDM Museum & Galleries 21, 58
Fiesta Broadway 83
Filmfestivals 77
Filmindustrie 24, 31, 94
Filmstudios 30, 31
Flughafen 98
Football 115
Fowler Museum at UCLA 58
Freeways 101
Fremdenverkehrsamt 106
Fundbüros 113

G
Galerien 61
Gamble House 50
Gärten 81
Gastronomie 16, 44, 45, 65
Geffen Contemporary 61
Geld 104, 113
Geografie 87
George C. Page Museum 34
Geschichte 88
Getty Center 38
Getty Villa 40
Gewichte 110
Girocard 104, 113
Golden Dragon Parade 83
Golden Globe Awards 83
Golden Triangle 36
Go Los Angeles Card 105
GRAMMY Museum 21
Grand Central Market 20
Grauman's Chinese Theatre 27
Grauman's Egyptian Theatre 28
Griffith Observatory 47
Griffith Park 47
Guinness World of Records Museum 58

H
Hammer Museum 58
Handy 118
Highways 101
Hollyhock House 29

Hollywood 24, 94
Hollywood Christmas Parade 84
Hollywood Forever Cemetery 29
Hollywood & Highland 27
Hollywood Museum 28
Hollywood Sign 25
Hollywood Star Toons 27
Hollywood Wax Museum 58
Homosexuelle 109
Hostels 123
Hotels 119
Huntington Library, Art Collections, and Botanical Gardens 51

I

Independence Day 84
Informationsquellen 106
Institute of Contemporary Art L.A. (ICA LA) 59
Internet 110
Internetseiten 107
Interstates 101
Italian American Museum of Los Angeles 59

J

Japanese American National Museum 16, 59
Jetlag 98
Jewelry District 21
Jugendherbergen 123

K

Kartenservice 107
Kartensperrung 113
Kinder 112
Kino 77
Klubs 73
Knott's Berry Farm 56
Konzerte 74
Kosten 105
Krankenhäuser 111
Krankenwagen 112
Kreditkarte 113
Kreuzfahrtschiffe 100
Kunst 17, 58
Kurztrip 10

L

La Brea Tar Pits 34
LACMA (Los Angeles County Museum of Art) 32
L.A. County Fair 84
L.A. Farmers Market 34
L.A. LIVE 21
LA Pride 110
L.A. Times 17
LAX 98
L.A. Zoo 47, 112
Lebensmittel 80
Leitungswasser 111
Lesben 109
LGBT+ 109
Literaturtipps 108
Little Tokyo 16
Livemusik 73
Lokale 65
Long Beach 46
Los Angeles County 86
Los Angeles Film Festival 84
Los Angeles Marathon 83
Los Angeles Police Museum 59

M

Madame Tussauds Hollywood 59
Maestro-Karte 104
MAK Center for Art & Architecture at the Schindler House 60
Malibu 40, 41
Mann, Thomas 41
Marciano Art Foundation (MAF) 59
Mariachi USA Festival 83
Maße 110
Max Factor Building 28
Medien 107
Medizinische Versorgung 111
Mehrwertsteuer 78
Metro Bus 124
Metro Rail 125
Mickey Mouse 55
Mietwagen 100
Mobilität 96
MOCA (Museum of Contemporary Art) 19
MOCA Pacific Design Center 59
Mode 79
Mulholland Drive 37
Museen 58
Museum of Latin American Art (MoLAA) 47
Museum of Neon Art (MONA) 60
Museum of Tolerance (MOT) 37
Musik 45, 80

N

Nachtleben 71
Natural History Museum of LA County (NHM) 22
Neighborhoods 86
Nisei Week Japanese Festival 84
Norton Simon Museum 50, 60
Notfälle 112
Notrufnummer 112

O

Öffnungszeiten 113
Old Pasadena 50
Orange County 52
Oscars 27, 83
OUE Skyspace LA 20
Outfest 110

P, Q

Pacific Palisades 41
Paley Center for Media 60
Parks 81
Pasadena 50
Pershing Square 20

Petersen Automotive Museum 35
Playboy Jazz Festival 84
Polizei 112
Porto 113
Post 113
Preise 105
Preisnachlässe 105
Primetime Emmys 84
Publikationen 107
Pubs 73
Queen Mary 46

R
Radfahren 115
Raucher 72
Reisepass 102
Reisezeit 126
Restaurants 65
Ripley's Believe It Or Not! 60
Rodeo Drive 36
Rundgang 13

S
Santa Ana winds 87
Santa Clarita Cowboy Festival 83
Santa Monica 42
Schiffsanleger 100
Schwule 109
Shopping 44, 45, 77
Shoreline Village 46
Sicherheit 114
Skatepark 115
Skirball Cultural Center 60
Sony Pictures Studios 31
Southern California CityPass 105
Spartipps 105
Speisen 65
Sperrnummer 113
Sport 114
Sprache 116, 128
Stadtentwicklung 91
Stadttouren 117
Stanley Cup 116
Staples Center 115
Stargazing 117
Strände 40, 82
Straßen 101
Stromspannung 104
Studiotouren 30, 31
Sunset Boulevard 35
Sunset Strip 35
Surfing 114

T
Taxis 125
Telefonieren 118
Termine 83, 110
Theater 74
The Autry 48
The Bloc Downtown 21
The BROAD 19
The Craft and Folk Art Museum (CAFAM) 34
The Geffen Contemporary at MOCA 61
The Getty Center 38
The Getty Villa 40
The Huntington 51
The Studios at Paramount 31
The Valleys 47
Tickets 107
TLC (Grauman's) Chinese Theatre 27
Toiletten 111
Tourismus 91
Touristeninformation 106
Tournament of Roses Parade 84
Trinken 71
Trinkgeld 124
Trinkwasser 111

U
UCLA JazzReggae Festival 83
UCLA Pow Wow 83
Union Station 15
Universal CityWalk 30
Universal Studios Hollywood 30
University of California at Los Angeles (UCLA) 37
University of Southern California (USC) 22
Unterkunft 119
US Open of Surfing 84

V
Vegetarier 68
Venice Beach 44
Venice Beach Skate Park 45
Veranstaltungen 83, 110
Vergnügungspark 52, 56
Vergünstigungen 105
Verhaltenstipps 124
Verkehr 96
Verkehrsmittel 124
Verkehrsregeln 100
Versicherungen 126
Viertel 86
Visa Waiver Program (VWP) 102
Vorwahlen 5, 118
VPAY 104

W, Z
Walk of Fame 26
Walt Disney Concert Hall 18
Warner Bros. 31
Wasser 111
Watts Towers 23
Wechselkurs 104
Wende Museum @ The Armory 61
West Coast Sound 45
Western 48
West Hollywood Halloween Carnaval 84, 110
Westside 32
Westwood 37
Wetter 126
Wirtschaft 91
WLAN 110
Wochenmärkte 81
Zeitverschiebung 98, 119
Zoll 103

Die Autoren

Margit Brinke und **Peter Kränzle** sind promovierte Archäologen, die sich 1995 als freiberufliche Journalisten und Buchautoren selbstständig gemacht haben. Seither konnten sie sich durch über 90 Publikationen bei Buchverlagen und durch Mitarbeit bei verschiedenen Zeitungen, Magazinen und Websites einen Namen im Reise- und Sportjournalismus machen. Sie wurden u. a. 2018 mit dem „IPW Travel Writer Award“ ausgezeichnet. Im Reise Know-How Verlag liegen über ein Dutzend Reiseführer vor allem zu nordamerikanischen Destinationen, u. a. New York, Chicago und San Francisco, vor.

Der erste Besuch in L.A. im Jahr 1982 entpuppte sich als etwas schwerfällige Annäherung, allein schon wegen der unterschätzten Distanzen. Von „Liebe auf den ersten Blick“ kann also keine Rede sein, aber im Laufe weiterer Besuche wuchs die sich in konstantem Wandel befindliche „Stadt der Engel“ den Autoren mehr und mehr ans Herz und gehört nun zu ihren liebsten Reisezielen.

Schreiben Sie uns

Dieses Buch ist gespickt mit Adressen, Preisen, Tipps und Daten. Unsere Autoren recherchieren unentwegt und erstellen alle zwei Jahre eine komplette Aktualisierung, aber auf die Mithilfe von Reisenden können sie nicht verzichten. Darum: Teilen Sie uns bitte mit, was sich geändert hat oder was Sie neu entdeckt haben. Gut verwertbare Informationen belohnt der Verlag mit einem Sprachführer Ihrer Wahl aus der Reihe „Kauderwelsch“.

Kommentare übermitteln Sie am einfachsten, indem Sie die Web-App zum Buch aufrufen (siehe Umschlag hinten) und die Kommentarfunktion bei den einzelnen auf der Karte angezeigten Örtlichkeiten oder den Link zu generellen Kommentaren nutzen. Wenn sich Ihre Informationen auf eine konkrete Stelle im Buch beziehen, würde die Seitenangabe uns die Arbeit sehr erleichtern. Unsere Kontaktdaten entnehmen Sie bitte dem Impressum.

Impressum

Margit Brinke, Peter Kränzle

CityTrip Los Angeles

4., neu bearbeitete und aktualisierte Auflage 2019

ISBN 978-3-8317-3205-0

Druck und Bindung:
Media-Print, Paderborn

Printed in Germany

Herausgeber: Klaus Werner
Layout: amundo media GmbH (Umschlag, Inhalt), Peter Rump (Umschlag)
Lektorat: amundo media GmbH
Karten: Ingenieurbüro B. Spachmüller, amundo media GmbH
Anzeigenvertrieb: KV Kommunalverlag GmbH & Co. KG, Alte Landstraße 23, 85521 Ottobrunn, Tel. 089 928096-0, info@kommunal-verlag.de
Kontakt: Osnabrücker Str. 79, 33649 Bielefeld, info@reise-know-how.de

Alle Angaben in diesem Buch sind gewissenhaft geprüft. Preise, Öffnungszeiten usw. können sich jedoch schnell ändern. Für eventuelle Fehler übernehmen Verlag wie Autoren keine Haftung.

Bildnachweis

Umschlagvorderseite: stock.adobe.com©Simon Dannhauer | Umschlagklappe rechts: Margit Brinke
Soweit ihre Namen nicht vollständig am Bild vermerkt sind, stehen die Kürzel an den Abbildungen für die folgenden Fotografen, Firmen und Einrichtungen. Margit Brinke: mb | California Tourism: CATourism | Los Angeles Tourism & Convention Board: LATCB | The Broad Museum/Iwan Baan: ib

Liste der Karteneinträge

1 [D2] El Pueblo de Los Angeles S. 14
2 [D2] Union Station S. 15
3 [C1] Chinatown S. 16
4 [D3] Little Tokyo S. 16
5 [E4] Arts District S. 16
6 [C3] City Hall S. 17
7 [B3] Cathedral of Our Lady of the Angels S. 18
8 [B3] Walt Disney Concert Hall S. 18
9 [B4] The BROAD S. 19
10 [B4] MOCA (Museum of Contemporary Art) S. 19
11 [C4] Grand Central Market S. 20
12 [B6] The Bloc Downtown/ Fashion District S. 21
13 [A7] L.A. LIVE mit GRAMMY Museum S. 21
14 [dh] Natural History Museum of LA County (NHM) S. 22
15 [dh] California ScienCenter S. 23
16 [h2] Walk of Fame S. 26
17 [h2] Hollywood & Highland S. 27
18 [h2] TLC (Grauman's) Chinese Theatre S. 27
19 [h2] Hollywood Museum S. 28
20 [h2] (Grauman's) Egyptian Theatre S. 28
21 [dg] Hollyhock House S. 29
22 [j4] Hollywood Forever Cemetery S. 29
23 [cf] Universal Studios Hollywood S. 30
24 [f7] LACMA (Los Angeles County Museum of Art) S. 32
25 [f7] La Brea Tar Pits – George C. Page Museum S. 34
26 [f7] The Craft and Folk Art Museum (CAFAM) S. 34
27 [f7] Petersen Automotive Museum S. 35
28 [c3] Sunset Strip S. 35
29 [a7] Beverly Hills mit Golden Triangle und Rodeo Drive S. 36
30 [bg] Museum of Tolerance S. 37
31 [bg] Westwood und UCLA S. 37
32 [ag] The Getty Center S. 38
33 [ag] The Getty Villa S. 40
34 [ah] Santa Monica S. 42
35 [ah] Venice Beach S. 44
36 [el] Long Beach S. 46
37 [df] Griffith Park und Observatory S. 47
38 [df] The Autry S. 48
39 [ef] Old Pasadena S. 50

1 [C1] Hop Woo BBQ & Seafood Restaurant S. 16
2 [C1] Phò Restaurant S. 16
3 [C1] Wonder Bakery S. 16
4 [D4] Kouraku S. 16
5 [E4] Tenno Sushi S. 16
6 [D4] Yamazaki Bakery S. 16
★7 [B5] OUE Skyspace LA S. 20
8 [A5] Spire 73 S. 20
★9 [di] Watts Towers & Arts Center S. 23
10 [h2] Mel's Drive-In S. 29
★11 [bh] Sony Pictures Studio Tour S. 31
★12 [j4] The Studios at Paramount S. 31
★13 [cf] Warner Bros S. 31
14 [f6] L.A. Farmers Market S. 34
18 [Seite 43] Santa Monica Visitor Center S. 42
19 [Seite 43] Museum of Flying S. 44
20 [Seite 43] 18th Street Coffee House S. 44
21 [Seite 43] Hal's Bar & Grill S. 45
22 [Seite 43] Otherroom S. 46
23 [Seite 43] Small World Books S. 46
24 [el] Shoreline Village S. 46
25 [el] Queen Mary S. 46

26 [el] Aquarium of the Pacific S. 47
27 [ek] Museum of Latin American Art (MoLAA) S. 47
★28 [ef] Gamble House S. 50
★29 [ef] Old Pasadena S. 50
★30 [ef] Rose Bowl S. 51
32 [f7] Academy Museum of Motion Pictures S. 58
33 [dh] California African American Museum S. 58
34 [B6] FIDM Museum & Galleries S. 58
35 [bg] Fowler Museum at UCLA S. 58
36 [h2] Guinness World of Records Museum S. 58
37 [bg] Hammer Museum S. 58
38 [h2] Hollywood Wax Museum S. 58
39 [dh] Institute of Contemporary Art L.A. (ICA LA) S. 59
40 [D2] Italian American Museum of Los Angeles S. 59
41 [D3] Japanese American National Museum (JANM) S. 59
42 [ef] Los Angeles Police Museum S. 59
43 [h2] Madame Tussauds Hollywood S. 59
44 [cg] Marciano Art Foundation (MAF) S. 59
45 [c4] MOCA Pacific Design Center (PDC) S. 59
46 [df] Museum of Neon Art (MONA) S. 60
47 [ef] Norton Simon Museum S. 60
48 [a6] Paley Center for Media S. 60
49 [h2] Ripley's Believe It Or Not! Odditorium S. 60
50 [d4] Schindler House S. 60
51 [af] Skirball Cultural Center S. 60
52 [D3] The Geffen Contemporary at MOCA S. 61
53 [bh] Wende Museum @ The Armory S. 61
54 [bh] Bergamot Station S. 61
55 [h3] LAXART S. 61
56 [c3] Boxwood Café @ The London S. 65
57 [d4] Sushi Ginza Onodera LA S. 66
58 [bg] Westside Tavern S. 66
59 [i2] Musso & Frank Grill S. 66
60 [B4] Nick & Stef's S. 66
61 [h2] Pig 'n' Whistle S. 66
62 [dg] The Black Cat S. 66
63 [a6] The Farm of Beverly Hills S. 66
64 [A5] Border Grill Downtown L.A S. 66
65 [cg] El Cholo S. 66
66 [dh] Guerrilla Tacos S. 66
67 [D2] La Golondrina Cafe S. 66
68 [B4] Pez Cantina S. 66
69 [B6] Bottega Louie Restaurant & Market S. 67
70 [b6] Il Cielo S. 67
71 [g4] E.A.K. Ramen S. 67
72 [ef] Edwin Mills by Equator S. 67
73 [dg] The Dragon S. 67
74 [a6] Yojisan S. 67
76 [B4] Mixt S. 68
77 [dg] My Vegan Gold S. 68
78 [dh] Farmer Boys S. 68
79 [dg] Original Tommy's S. 68
80 [C5] Cole's S. 68
81 [C2] Philippe S. 68
82 [Seite 43] Enterprise Fish Co S. 69
84 [j2] The Hungry Cat S. 69
85 [B5] Water Grill S. 69
86 [dg] Bavel S. 69
87 [C6] Woodspoon S. 69
88 [E4] Wurstküche S. 69
89 [dg] Zinc Café & Market S. 69
90 [d3] Carney's S. 69
92 [d6] Joan's on Third S. 69
93 [bh] Kogi Taqueria S. 70
94 [a6] Nate'n Al S. 70
95 [ch] Pann's S. 70
96 [g4] Pink's Famous Chili Dogs S. 70
97 [C7] The Alley Dog S. 70
98 [dh] The Fields LA S. 70
99 [cf] Vicious Dogs S. 70
100 [dg] Café Tropical S. 70
101 [dg] Dinosaur Coffee S. 70
102 [e2] Griddle Café S. 70
103 [B7] Hygge Bakery S. 70

104 [d5] Kings Road Café S. 70
105 [bg] Sprinkle's Cupcakes S. 70
106 [dg] Sunset Junction Coffee Shop S. 70
107 [c4] Urth Caffe S. 70
108 [c6] a.o.c S. 71
109 [B6] BKLA S. 71
110 [Seite 43] Cast Lounge @ The Viceroy S. 72
111 [Seite 43] Copa d'Oro S. 72
112 [j2] Frolic Room S. 72
113 [B6] Golden Gopher S. 72
114 [dg] Harvard and Stone mit RD Bar S. 72
115 [E4] In Sheep's Clothing S. 72
116 [B5] Library Bar S. 72
117 [B5] Seven Grand DTLA S. 72
118 [d5] The Roger Room S. 72
119 [i3] Three Clubs Cocktail Lounge S. 72
120 [C5] The Varnish S. 72
121 [i2] Velvet Margarita Cantina S. 72
122 [C4] 2nd St. Cigar Lounge & Gallery S. 72
123 [ef] Cigars by Chivas S. 72
124 [E4] Angel City Brewery S. 73
125 [C6] Los Angeles Biergarten S. 73
126 [e3] The Surly Goat S. 73
127 [i2] Avalon S. 73
128 [A7] Conga Room at L.A. LIVE S. 73
129 [C5] Exchange LA S. 73
130 [C4] La Cita S. 73
131 [C7] Mayan Theatre S. 73
132 [h2] Sound Nightclub S. 73
133 [c4] The Abbey S. 73
134 [dg] The Echo S. 73
135 [b3] The Roxy Theatre S. 73
136 [b5] Troubadour S. 73
137 [c3] Whisky a go go S. 74
138 [h2] Catalina Bar & Grill S. 74
139 [Seite 43] Harvelle's S. 74
140 [cg] The Mint S. 74
141 [C7] Belasco Theater S. 75
142 [bg] Center for the Art of Performance UCLA/ Royce Hall S. 75
143 [h2] Dolby Theatre S. 75
144 [cf] El Portal Theatre S. 75
145 [cf] Ford Theatres S. 75
146 [df] Greek Theatre S. 75
147 [cf] Hollywood Bowl S. 75
148 [j2] Hollywood Palladium S. 75
149 [bh] Kirk Douglas Theatre S. 75
150 [A7] Microsoft Theater at L.A. LIVE S. 75
151 [B3] Music Center Theatres S. 76
152 [C6] Orpheum S. 76
153 [C5] Palace Theatre S. 76
154 [j2] Pantages Theatre S. 76
156 [A7] The Novo @ L.A. LIVE S. 76
157 [a6] Wallis Annenberg Center for the Performing Arts S. 76
158 [h2] El Capitan Theatre S. 77
159 [A7] Regal Theatres S. 77
160 [dg] At Mateo S. 79
161 [d6] Beverly Center S. 79
162 [A6] FIGat7th S. 79
163 [df] Glendale Galleria S. 79
164 [B6] Macy's Plaza S. 79
166 [dh] ROW DTLA S. 79
167 [Seite 43] Santa Monica Place S. 79
168 [f6] The Grove S. 79
169 [bg] Westfield Century City S. 79
170 [d4] Alexander McQueen S. 79
171 [h6] American Rag S. 79
172 [Seite 43] Cabaña S. 79
173 [C6] California Market Center (cmc) S. 79
174 [C6] Cooper Design Space S. 79
175 [B6] FIDM Museum und Scholarship Store S. 80
176 [d6] Polkadots & Moonbeams S. 80
177 [D4] Raggedy Threads S. 80
178 [e4] RonRobinson Melrose S. 80
179 [C7] Santee Alley S. 80
180 [c5] Stella McCartney S. 80
181 [i2] Amoeba Music S. 80
182 [c3] Book Soup S. 80
183 [dg] Secret Headquarters Comics S. 80
184 [C5] The Last Bookstore S. 80
185 [g3] BevMo! S. 80

186 [g7] La Brea Bakery S. 80
187 [B6] Ralph's S. 80
188 [dg] Yummy S. 80
189 [B4] Bank of America Farmers' Market S. 81
190 [a6] Beverly Hills Farmers' Market S. 81
191 [D7] City Market South S. 81
192 [i2] Hollywood Farmers' Market S. 81
193 [C5] Pershing Square Farmers Market S. 81
194 [ef] Rose Bowl Flea Market S. 81
195 [D3] Anzen Hardware S. 81
196 [g3] High Voltage Tattoo S. 81
★197 [a3] Greystone Park S. 82
★198 [bj] Hermosa Beach: S. 82
★200 [bj] Manhattan Beach: S. 82
★201 [Seite 43] Santa Monica Beach S. 82
•203 [dh] CAA (L.A.) S. 100
•204 [c4] CAA (West Hollywood) S. 100
•205 [e7] German Consulate General S. 102
•206 [bg] Consulate General of Austria S. 102
207 [A5] L.A. Visitor Center S. 106
208 [B6] Official Visitor Information Center @ Macy's at The Bloc S. 106
209 [h2] The Official Visitor Information Center @ Hollywood & Highland S. 106
210 [a6] Beverly Hills Visitor Center S. 106
211 [i2] Los Angeles LGBT Center S. 109
212 [cf] Oil Can Harry's S. 109
213 [dg] Silverlake Lounge S. 109
214 [c4] Thirst S. 109
216 [dg] Coral Sands Motel S. 110
217 [Seite 43] Hotel Casa del Mar S. 110
218 [dh] Dignity Health California Hospital Medical Center S. 111
219 [bg] Ronald Reagan UCLA Medical Center S. 111
220 [eg] White Memorial Medical Center S. 111
221 [Seite 43] Dr. Bruce Edward King S. 111
223 [dg] Dr. Wolfgang Scheele S. 111
224 [A2] CVS S. 112
225 [C5] Rite-Aid S. 112
226 [B5] Uptown Drug & Gift Shop S. 112
227 [bg] Geffen Playhouse S. 112
★228 [df] L.A. Zoo S. 112
229 [C3] LAPD S. 112
•230 [eg] Metro Lost & Found S. 113
231 [D2] US Post Office S. 113
232 [dg] Dodger Stadium S. 115
233 [A7] Staples Center S. 115
•234 [h2] LA City Tours S. 117
•235 [h2] Starline Tours S. 117
236 [B6] Freehand S. 119
237 [A6] Hotel Figueroa S. 119
238 [A5] InterContinental Los Angeles Downtown S. 120
239 [A7] JW Marriott Los Angeles at L.A. LIVE S. 120
240 [C4] Kawada Hotel S. 120
241 [B5] Millennium Biltmore Los Angeles S. 120
242 [B6] O Hotel S. 120
243 [B5] Standard Downtown Hotel S. 120
244 [bg] Beverly Hills Hotel S. 120
245 [d5] ÉLAN Hotel S. 120
246 [h2] Hollywood Roosevelt Hotel S. 120
247 [bg] Hotel Bel-Air S. 121
248 [e7] Hotel Wilshire S. 121
249 [bg] InterContinental Hotel – Los Angeles Century City S. 121
250 [bg] Maison 140 Beverly Hills S. 121
251 [ci] Best Western Plus Suites Hotel S. 121
252 [bi] Cambria LAX El Segundo S. 121
253 [ci] Four Points Hotel Los Angeles International Airport S. 121

258 [bf] Sportsmen's Lodge Hotel S. 122
259 [Seite 43] Fairmont Miramar Hotel & Bungalows S. 122
260 [Seite 43] Hotel Erwin S. 122
261 [Seite 43] Inn at Venice Beach S. 122
262 [Seite 43] Loews Santa Monica Beach Hotel S. 123
263 [Seite 43] Shore Hotel S. 123
264 [Seite 43] The Cadillac S. 123
265 [j2] Banana Bungalow Hollywood S. 123
266 [i2] USA Hostels – Hostel Hollywood S. 123
267 [h2] Walk of Fame Hostel S. 123
•268 [D2] Union Station/ Gateway Transit Center S. 125

Hier nicht aufgeführte Nummern liegen außerhalb der abgebildeten Karten. Ihre Lage kann aber wie die von allen Ortsmarken im Buch mithilfe der Web-App angezeigt werden (s. S. 141).

Zeichenerklärung

- Hauptsehenswürdigkeit
- [A7] Verweis auf Planquadrat im City-Faltplan
- Arzt, Apotheke, Krankenhaus
- Bar, Bistro, Klub, Treffpunkt
- Biergarten, Pub, Kneipe
- Bibliothek
- Café
- Fischrestaurant
- Galerie
- Geschäft, Kaufhaus, Markt
- Hotel, Unterkunft
- Imbiss
- Informationsstelle
- Jugendherberge, Hostel
- Kino
- Kirche
- Museum
- Musikszene, Disco
- Parkplatz
- Polizeistation
- Post
- Restaurant
- Sehenswürdigkeit
- Sport-/Spieleinrichtung
- Sonstiges
- Theater
- Vegetarisches Restaurant
- Weinlokal

- Metro Rail
- Spaziergang (s. S. 13)
- Shoppingareale
- Gastro- und Nightlife-Areale

Abkürzungen

- E/W – East/West
- N/S – North/South
- St. – Street
- Rd. – Road
- Dr. – Drive
- Sq. – Square
- Ave. – Avenue
- Blvd. – Boulevard
- Hwy. – Highway
- bei Adressangaben steht „/" für „Ecke", „–" für „zwischen"
- WeHo – West Hollywood

Los Angeles mit PC, Smartphone & Co.

QR-Code auf dem Umschlag scannen oder **www.reise-know-how.de/citytrip/losangeles19** eingeben und die **kostenlose Web-App** aufrufen (Internetverbindung zur Nutzung nötig)!

★**Anzeige der Lage und Satellitenansicht aller** beschriebenen Sehenswürdigkeiten und touristisch wichtigen Orte

★**Routenführung** vom aktuellen Standort zum gewünschten Ziel

★**Exakter Verlauf** des empfohlenen Stadtspaziergangs

★**Audiotrainer** der wichtigsten Wörter und Redewendungen

★**Updates** nach Redaktionsschluss

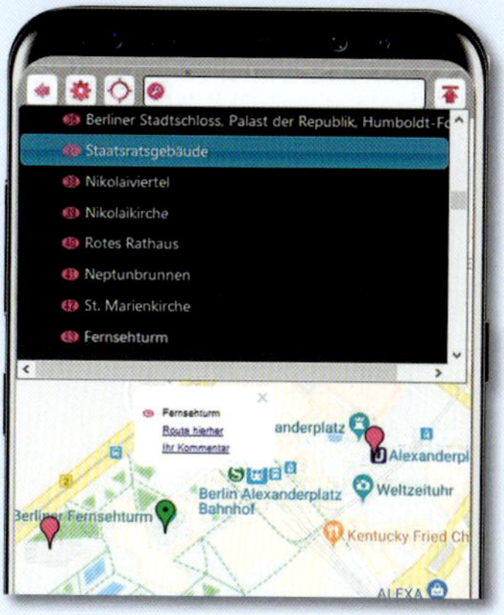

GPS-Daten zum Download

Die GPS-Daten aller Ortsmarken und des Spaziergangs können hier geladen werden: www.reise-know-how.de, dann das Buch aufrufen und zur Rubrik „Datenservice" scrollen.

Stadtplan für mobile Geräte

Um den Stadtplan auf Smartphones und Tablets nutzen zu können, empfehlen wir die App „Avenza Maps" der Firma Avenza™. Der Stadtplan wird aus dieser App heraus geladen und kann dann mit vielen Zusatzfunktionen genutzt werden.

Unsere App-Empfehlungen zu Los Angeles

› **Go Metro LACTMA:** App für den Nahverkehr mit praktischen Tipps zu Linien und Fahrplänen sowie aktuellen Infos (kostenlos für Android und iOS)

› **Time Out:** Nützliche App des informativen Wochenmagazins mit Tipps zu Restaurants, Läden, Nightlife und Events (kostenlos für Android und iOS)

› **LA Weekly:** Infos zu allem, was aktuell in der Szene (Restaurants, Bars, Events, Nightlife, Ausstellungen) los ist (kostenlos für Android und iOS)

› **ParkMe** zeigt den nächsten freien Parkplatz an (kostenlos für Android und iOS).

› **Waze:** weltweit größte community-basierende Verkehrs- und Navigations-App, im chaotischen Verkehr von L.A. eine große Hilfe (kostenlos für Android und iOS)

› **Discover Los Angeles:** App des Tourismusamts mit Infos zu aktuellen Events, Filmlocations, Nahverkehr etc. (kostenlos für iOS und Android)

Metro Rail & Busway

metro.net

Rail Station
Transfer Station
Busway Station
Busway Street Service
UNDER CONSTRUCTION
Metro Rail
Red Line
North Hollywood to Union Station
Purple Line
Wilshire/Western to Union Station
Blue Line
Downtown LA to Long Beach
Expo Line
Downtown LA to Santa Monica
Green Line
Redondo Beach to Norwalk
Gold Line
East Los Angeles to Azusa
Metro Busway
Orange Line
Chatsworth to North Hollywood
Silver Line
San Pedro to El Monte
Street Service in Downtown LA and San Pedro
Regional Rail
Amtrak
amtrak.com
Metrolink
metrolinktrains.com
Airport Shuttle
LAX FlyAway
lawa.org/flyaway
LAX Shuttle (free)
lawa.org
JUN 2018 Subject to Change
18-2877MM ©2018 LACMTA
Washington
Vernon
Slauson
Florence
Firestone
103rd St/ Watts Towers
Willowbrook/ Rosa Parks
Compton
Artesia
Del Amo
Wardlow
Willow St
Pacific Coast Hwy
Anaheim St
5th St
1st St
LAX FlyAway
Pacific Av
Downtown Long Beach
Norwalk
Lakewood Bl
Long Beach Bl
GATEWAY CITIES
Avalon
Harbor Fwy
Vermont/ Athens
Crenshaw
Hawthorne/Lennox
Aviation/LAX
LAX Shuttle G
LAX
Mariposa
El Segundo
Douglas
Redondo Beach
Slauson
Manchester
Rosecrans
Harbor Gateway Transit Ctr
Carson
Pacific Coast Hwy
San Pedro
SOUTH LA
SOUTH BAY
CRENSHAW/ LAX LINE
MONICA
PACIFIC OCEAN
Metro

Los Angeles, Übersicht

1cm = 2,1 km — 6 km

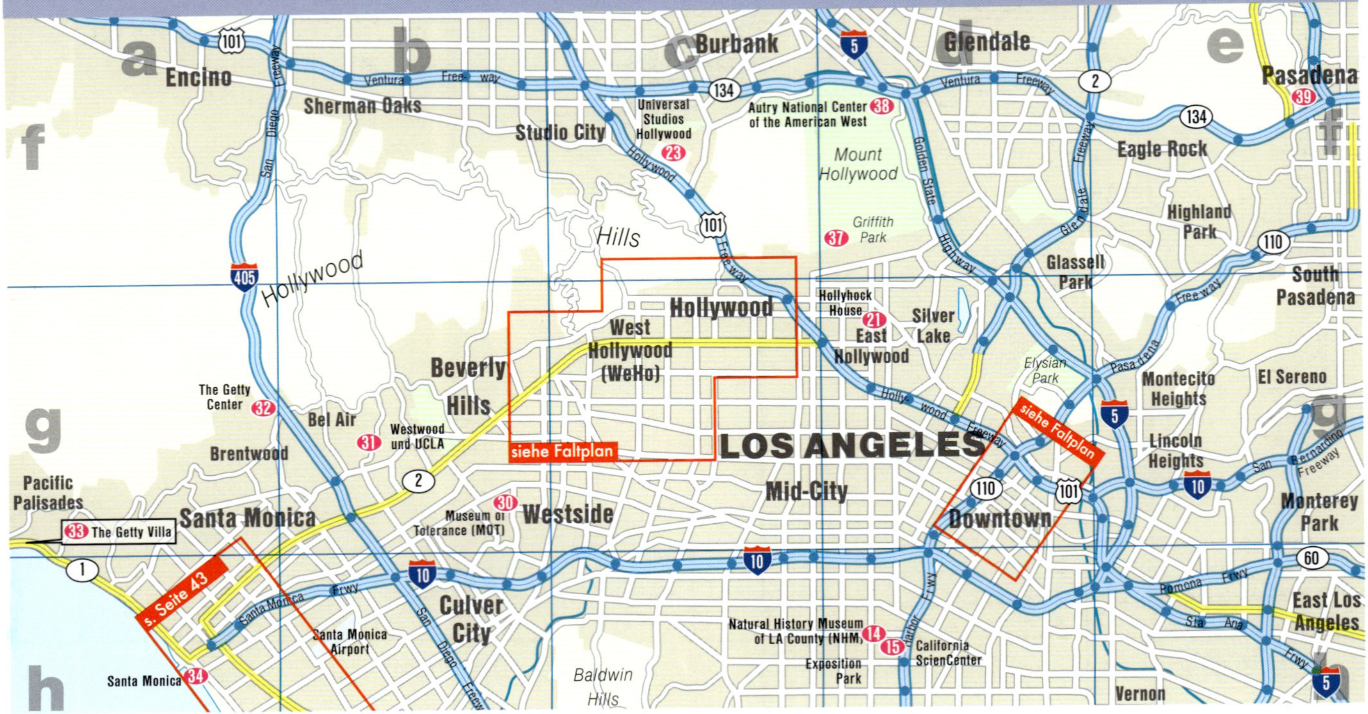